TRAVAILLER SA MÉMOIRE

AVEC DES

HABITUDES QUOTIDIENNES

En seulement 21 jours,
Découvrez 5 Habitudes Simples
Pour une Mémoire Plus Performante

Sylvie Belmont

TABLE DES MATIERES

INTRODUCTION : POURQUOI TRAVAILLER SA MEMOIRE ? 6

L'IMPORTANCE DE LA MEMOIRE DANS LA VIE QUOTIDIENNE 6

BENEFICES D'UNE MEMOIRE RENFORCEE 7

UNE APPROCHE BASEE SUR DES HABITUDES QUOTIDIENNES 7

DES FONDATIONS SCIENTIFIQUES SOLIDES 8

CHAPITRE 1 : COMPRENDRE LE FONCTIONNEMENT DE LA MEMOIRE 9

LES BASES DE LA MEMOIRE : TYPES ET PROCESSUS........................... 9

FACTEURS INFLUENÇANT LA MEMOIRE................................... 15

LES MYTHES COURANTS SUR LA MEMOIRE 19

COMMENT EVALUER SA PROPRE MEMOIRE 22

CHAPITRE 2 : LES 5 HABITUDES QUOTIDIENNES POUR AMELIORER SA MEMOIRE 26

HABITUDE 1 : PRATIQUER LA PLEINE CONSCIENCE ET LA MEDITATION.. 27

HABITUDE 2 : MAINTENIR UNE ALIMENTATION EQUILIBREE 32

HABITUDE 3 : EXERCICE PHYSIQUE REGULIER 37

HABITUDE 4 : TECHNIQUES DE MEMORISATION........................... 41

HABITUDE 5 : AMELIORER SON SOMMEIL........................... 48

CHAPITRE 3 : LE PLAN DE 21 JOURS POUR AMELIORER SA MEMOIRE 56

JOUR 1 A 7 : PHASE D'INTRODUCTION........................... 57

JOUR 8 A 14 : PHASE DE RENFORCEMENT 59

JOUR 15 A 21 : PHASE DE STABILISATION 61

CHAPITRE 4 : EXERCICES QUOTIDIENS POUR STIMULER LA MEMOIRE.. 65

1. LES JEUX DE MEMOIRE : BOOSTER LA RETENTION A COURT TERME ...65

2. L'ECRITURE QUOTIDIENNE : UN OUTIL POUR LA MEMOIRE A LONG TERME 66

3. L'UTILISATION D'APPLICATIONS DE STIMULATION COGNITIVE : ENTRAINER LA MEMOIRE AVEC LA TECHNOLOGIE.........................67

4. LA METHODE DES LIEUX (LOCI) REVISITEE : UN PALAIS DE MEMOIRE VIRTUEL 68

5. LES PUZZLES ET JEUX DE STRATEGIE : STIMULER LA MEMOIRE PAR LA REFLEXION 69

6. L'APPRENTISSAGE DE NOUVELLES COMPETENCES : STIMULER LA MEMOIRE A TRAVERS LA NOUVEAUTE 70

7. LA LECTURE ACTIVE : AMELIORER LA MEMOIRE DE COMPREHENSION 72

8. LES DEFIS MENTAUX QUOTIDIENS : SORTIR DE LA ROUTINE COGNITIVE 73

9. LES EXERCICES DE VISUALISATION : RENFORCER LA MEMOIRE VISUELLE ET SPATIALE 74

10. LES ACTIVITES SOCIALES : LA MEMOIRE RENFORCEE PAR L'INTERACTION 75

CHAPITRE 5 : MESURER ET COMPRENDRE SES PROGRES...... 77

1. POURQUOI MESURER SES PROGRES EST ESSENTIEL ? 77

2. OUTILS ET METHODES POUR MESURER SES PROGRES 79

3. COMMENT AJUSTER SES HABITUDES EN FONCTION DES RESULTATS ?85

CHAPITRE 6 : DEFIS ET SOLUTIONS COURANTES................... 89

1. PROGRES LENTS ET DECOURAGEMENT 89

2. FATIGUE MENTALE ET SURCHARGE COGNITIVE.............................92

3. Difficulte a integrer des habitudes regulieres 94

4. Perte de motivation a long terme 96

CONCLUSION GENERALE : UN NOUVEAU DEPART POUR VOTRE MEMOIRE 99

BIBLIOGRAPHIE 104

Introduction : Pourquoi travailler sa mémoire ?

Vous est-il déjà arrivé d'oublier un rendez-vous crucial, au pire moment possible ? La mémoire est l'une des fonctions les plus essentielles de notre quotidien, mais on la néglige souvent. Ce n'est que lorsqu'elle nous fait défaut qu'on réalise à quel point elle est indispensable. Travailler sa mémoire, c'est investir dans sa santé mentale et améliorer sa qualité de vie.

L'importance de la mémoire dans la vie quotidienne

Que vous soyez étudiant, professionnel ou retraité, la mémoire joue un rôle majeur dans votre réussite et votre bien-être. Prenons un étudiant en pleine révision pour ses examens : sa mémoire est son meilleur allié pour retenir les concepts clés et réussir. Pour un professionnel, une mémoire efficace permet de jongler avec des informations importantes sous pression, d'absorber des détails essentiels et de prendre des décisions rapides. Et pour les seniors, entretenir sa mémoire aide à préserver l'autonomie et à rester connecté avec les autres.

Bénéfices d'une mémoire renforcée

Travailler sa mémoire, ce n'est pas juste pour se rappeler des choses. Cela améliore vraiment votre quotidien. Vous devenez plus productif, car vous n'oubliez plus les tâches importantes ni les détails cruciaux. Vos relations s'en trouvent renforcées : se souvenir des anniversaires ou des petites anecdotes personnelles montre aux autres qu'ils comptent pour vous. Et puis, une bonne mémoire aide aussi à mieux gérer le stress. Vous arrivez à maîtriser les informations et les échéances, ce qui vous donne un vrai sentiment de contrôle sur votre vie.

Une approche basée sur des habitudes quotidiennes

Plutôt que de vous proposer des solutions rapides, ce livre mise sur des habitudes quotidiennes, simples mais efficaces, pour améliorer durablement votre mémoire. Grâce à la neuroplasticité, qui désigne le mécanisme par lequel les neurones ont la capacité de se former, se réorganiser et d'améliorer l'efficacité de leurs interactions synaptiques, le cerveau peut se renforcer tout au long de la vie. Ici, vous découvrirez des habitudes liées à l'alimentation, à l'exercice, au sommeil et à la gestion du stress. Elles sont validées par des études et des recherches, et s'intègrent facilement dans votre routine. Ces petites actions demandent peu d'effort, mais leurs effets sont concrets : non seulement votre mémoire s'améliore, mais vous gagnez en confiance en vous et vous êtes mieux équipé pour atteindre vos objectifs à long terme !

Des fondations scientifiques solides

Tous les concepts et stratégies présentés dans ce livre sont fondés sur des recherches et études scientifiques rigoureuses. Les références complètes de ces études se trouvent à la fin de cet ouvrage. Je vous encourage vivement à les consulter pour approfondir votre compréhension et prolonger votre réflexion. Cette base scientifique vous assure que les conseils prodigués sont fiables et qu'ils s'appuient sur des connaissances solides en matière de mémoire et de cognition.

Chapitre 1 : Comprendre le Fonctionnement de la Mémoire

La mémoire est une fonction cognitive fascinante qui influence presque toutes nos actions au quotidien. Qu'il s'agisse de se souvenir du nom d'une personne rencontrée récemment, de mémoriser une recette ou de revivre un moment marquant de notre vie, la mémoire est constamment à l'œuvre. Mais comment fonctionne-t-elle vraiment ?

Les bases de la mémoire : Types et processus

La mémoire peut être comparée à un immense réseau d'interconnexions, capable de stocker, traiter et récupérer des informations tout au long de notre existence. Ce processus complexe est essentiel à notre survie, à l'apprentissage et à notre capacité à interagir avec notre environnement. La mémoire n'est pas un bloc unique : elle se divise en plusieurs sous-systèmes qui travaillent ensemble pour nous permettre de naviguer dans la vie. Les chercheurs ont identifié trois principaux types de mémoire : la mémoire sensorielle, la mémoire à court terme et la mémoire à long terme.

La mémoire sensorielle : la capture instantanée

La mémoire sensorielle est le point de départ du processus mémoriel. Elle reçoit et stocke brièvement les informations provenant de nos cinq sens. C'est une mémoire extrêmement éphémère, qui ne dure que quelques fractions de seconde à quelques secondes. Par exemple, lorsque vous regardez une scène, votre mémoire visuelle (appelée **mémoire iconique**) enregistre immédiatement l'ensemble de l'image.

De même, la mémoire auditive (**mémoire échoïque**) capte les sons environnants, même si vous n'y prêtez pas attention.

Ces informations sont retenues suffisamment longtemps pour que nous puissions décider si elles méritent d'être transmises à la mémoire à court terme. C'est un système de filtrage : sans lui, nous serions submergés par le flot constant de stimuli sensoriels.

Mais attention, cette mémoire est très fugace : la plupart des stimuli ne sont pas retenus, à moins que quelque chose attire vraiment votre attention.

La mémoire à court terme : le poste de travail mental

La mémoire à court terme, souvent appelée **mémoire de travail**, est celle que nous utilisons pour retenir des informations de manière temporaire, sur quelques secondes ou minutes. Par exemple, lorsque quelqu'un vous donne un numéro de téléphone, vous le gardez en tête juste le temps de l'écrire ou de le mémoriser. Cependant, cette mémoire a des limites. En 1956, le psychologue George Miller a proposé la célèbre théorie des "7 **éléments plus ou moins 2**", selon laquelle nous sommes capables de retenir environ sept éléments en mémoire à court terme, qu'il s'agisse de chiffres, de lettres ou même de concepts.

La mémoire de travail est essentielle pour de nombreuses tâches cognitives complexes, comme la résolution de problèmes ou la compréhension du langage. Elle nous permet de manipuler activement les informations, par exemple lors de calculs mentaux ou de la planification d'une action. Une capacité réduite de la mémoire à court terme peut donc affecter notre performance dans diverses activités du quotidien.

La mémoire à long terme : le réservoir de connaissances

Contrairement à la mémoire à court terme, la mémoire à long terme peut stocker une quantité illimitée d'informations pendant des périodes prolongées, voire pour toute une vie. On la divise souvent en deux grandes catégories : **la mémoire déclarative** (ou explicite) et **la mémoire non-déclarative** (ou implicite).

- **La mémoire déclarative** concerne les faits et événements dont nous nous souvenons consciemment. Elle se divise en **mémoire sémantique**, qui englobe nos connaissances générales sur le monde (comme le fait que la Terre tourne autour du soleil ou que 2+2=4), et en **mémoire épisodique,** qui nous permet de nous remémorer des événements personnels, comme un anniversaire ou un voyage.

- **La mémoire non-déclarative**, quant à elle, englobe les compétences que nous avons acquises au fil du temps, comme faire du vélo ou taper sur un clavier. Ces souvenirs sont souvent automatiques, car ils se sont installés grâce à la répétition et la pratique. La **mémoire procédurale**, une forme de mémoire non-déclarative, nous permet par exemple de conduire sans réfléchir aux gestes précis que cela implique.

Le processus de formation des souvenirs : Encodage, stockage et rappel

La création de souvenirs suit trois étapes clés : l'encodage, le stockage et le rappel. Chacune joue un rôle essentiel dans la rétention des informations.

1. **L'encodage** est la transformation des informations sensorielles en une forme que le cerveau peut traiter. C'est la première étape pour transformer une expérience en souvenir. Cela peut se faire de manière automatique pour des informations simples, ou plus consciente et volontaire pour des données plus complexes. Par exemple, se souvenir d'un événement marquant demande souvent moins d'efforts que de retenir une conversation banale, car les événements marquants sont fréquemment associés à des émotions intenses, des détails saillants ou des circonstances inhabituelles.

2. **Le stockage** intervient lorsque les souvenirs se stabilisent dans la mémoire à long terme. Leur durée de conservation varie selon leur importance et leur répétition, allant de quelques minutes à plusieurs années. La consolidation, souvent renforcée pendant le sommeil, permet de solidifier les connexions entre neurones, rendant les souvenirs plus résistants à l'oubli.

3. **Le rappel** est l'acte de retrouver une information stockée pour l'utiliser. Cela peut être spontané ou nécessiter un effort conscient. La capacité à rappeler un souvenir dépend de plusieurs facteurs, tels que le contexte de formation, l'état émotionnel, et les indices qui déclenchent la mémoire.

La neurobiologie de la mémoire

Les recherches en neurosciences ont révélé que différentes régions du cerveau sont impliquées dans différents types de mémoire. **L'hippocampe**, par exemple, joue un rôle central dans la formation des souvenirs épisodiques (Squire & Zola-Morgan, 1991) Les personnes souffrant de lésions à l'hippocampe, comme dans le cas célèbre de H.M., un patient amnésique étudié par les neuroscientifiques, sont incapables de former de nouveaux souvenirs à long terme, bien que leur mémoire à court terme reste intacte (Scoville & Milner, 1957)

D'autres régions, comme le **cortex préfrontal**, sont responsables de la mémoire de travail, tandis que les **ganglions de la base** sont essentiels pour la mémoire procédurale. La recherche a également montré que le renforcement des synapses (connexions entre les neurones) joue un rôle clé dans la consolidation des souvenirs (Bliss & Collingridge, 1993 ; Packard & Knowlton, 2002 ; Smith & Jonides, 1999).

Ce phénomène, appelé **potentialisation à long terme (LTP)**, est considéré comme un mécanisme fondamental de l'apprentissage et de la mémoire.

L'oubli : Pourquoi oublions-nous ?

L'oubli est un phénomène naturel et nécessaire. Sans lui, nous serions submergés par un excès d'informations. L'oubli survient pour plusieurs raisons.

Les souvenirs peuvent s'estomper avec le temps s'ils ne sont pas régulièrement rappelés ou utilisés (phénomène appelé **l'extinction**). L'interférence, où de nouveaux souvenirs perturbent la récupération des anciens, est une autre cause majeure d'oubli.

Des recherches comme celle d'Ebbinghaus (1885) sur la **courbe de l'oubli** montrent que nous oublions rapidement après avoir appris quelque chose, à moins que nous ne révisions ces informations régulièrement. C'est pourquoi des techniques comme la répétition espacée sont efficaces pour renforcer la mémoire à long terme.

Facteurs influençant la mémoire

La mémoire, indispensable à notre quotidien, est influencée par divers facteurs internes et externes. Certains renforcent notre capacité à nous souvenir, tandis que d'autres l'affaiblissent. En comprenant mieux ces facteurs, il devient possible d'adopter des habitudes favorisant une meilleure rétention de l'information. Les éléments principaux incluent le sommeil, l'alimentation, l'exercice physique, et les émotions, notamment le stress.

Le rôle crucial du sommeil

Le sommeil est l'un des facteurs les plus déterminants pour la mémoire. Pendant que nous dormons, notre cerveau consolide les souvenirs de la journée, renforçant les connexions neuronales qui stabilisent l'information dans la mémoire à long terme. Des études, comme celles de Walker et Stickgold (2004), ont montré que le **sommeil paradoxal** (ou REM, *Rapid Eye Movement*) est crucial pour la consolidation des souvenirs, notamment épisodiques et procéduraux.

Ce processus de consolidation est comparable à l'organisation de dossiers dans une bibliothèque ; sans un sommeil de qualité, les souvenirs restent dispersés et sont plus facilement oubliés.

Le manque de sommeil peut sérieusement affecter la mémoire. Des études montrent que la privation de sommeil perturbe les fonctions cognitives, notamment la capacité à retenir des informations (Krause et al., 2017 ; Walker & Stickgold, 2006). Par exemple, une étude menée par Diekelmann et Born en 2010 a révélé que les personnes privées de sommeil se souvenaient moins bien des informations récemment apprises. Cela est dû à une diminution de l'activité de l'hippocampe, une zone clé du cerveau impliquée dans le stockage des souvenirs. C'est pourquoi un sommeil de qualité, idéalement de 7 à 9 heures par nuit, est essentiel pour maintenir une mémoire performante.

L'impact de l'alimentation

Ce que vous mangez a un impact direct sur votre cerveau et votre mémoire. Bien que le cerveau ne représente qu'environ 1 % de votre poids corporel, il consomme à lui seul près de 20 % des calories que vous dépensez chaque jour. Il a donc besoin d'un apport régulier en nutriments pour fonctionner de manière optimale. Certains aliments, comme ceux riches en oméga-3, en antioxydants et en vitamines B, sont particulièrement bénéfiques pour la mémoire et peuvent prévenir son déclin.

Une alimentation équilibrée et nourrissante est essentielle pour soutenir la santé cognitive à long terme. Une analyse plus approfondie sur l'impact de l'alimentation sera abordée dans le Chapitre 2 – Habitude 2.

L'importance de l'exercice physique

L'exercice physique est non seulement bénéfique pour le corps, mais aussi pour le cerveau, et particulièrement pour la mémoire. L'activité physique régulière améliore la circulation sanguine dans le cerveau, apportant ainsi plus d'oxygène et de nutriments aux cellules cérébrales. Les exercices aérobiques, comme la marche, la course ou la natation, stimulent la production de **facteurs neurotrophiques** comme le BDNF (Brain-Derived Neurotrophic Factor), qui renforce les connexions synaptiques liées à la mémoire.

Une étude d'Erickson et al. (2011) a démontré que les adultes âgés qui pratiquaient régulièrement une activité physique aérobie voyaient une augmentation de la taille de leur hippocampe, entraînant une amélioration de leur mémoire spatiale. Même des exercices modérés, comme 30 minutes de marche par jour, peuvent avoir un impact significatif sur la santé cérébrale.

En plus de favoriser la **neurogenèse** (la création de nouveaux neurones), l'exercice physique aide également à réduire le stress, un facteur qui peut sérieusement altérer la mémoire. L'activité physique déclenche la libération **d'endorphines**, ces hormones du bien-être qui aident à stabiliser l'humeur et à réduire les niveaux de cortisol.

Le stress et ses effets sur la mémoire

Le stress est l'un des principaux ennemis de la mémoire. Lorsque le stress devient chronique, il entraîne une production excessive de **cortisol**, une hormone qui, en excès, peut endommager l'hippocampe, la région du cerveau responsable de la consolidation des souvenirs.

Une étude menée par Lupien et al. (1998) a montré que des niveaux chroniquement élevés de cortisol entraînent une réduction du volume de l'hippocampe et une diminution des capacités mnésiques. Le stress affecte non seulement la capacité à former de nouveaux souvenirs, mais il altère également la capacité à récupérer des souvenirs anciens. Ainsi, bien gérer son stress est essentiel pour préserver une bonne mémoire.

Des pratiques comme la méditation, la respiration profonde, et la pleine conscience (qui consiste à porter attention au moment présent) ont montré qu'elles pouvaient réduire les niveaux de cortisol et, par conséquent, protéger la mémoire. En intégrant des techniques de gestion du stress dans votre quotidien, vous pouvez protéger votre cerveau des effets délétères du stress prolongé.

Les mythes courants sur la mémoire

La mémoire, bien que centrale dans notre quotidien, est souvent entourée de mythes et de croyances erronées. Ces idées fausses peuvent limiter notre compréhension de la mémoire et réduire nos efforts pour l'améliorer. Voici quelques-uns des mythes les plus répandus.

La mémoire est fixe et ne peut pas être améliorée

L'une des idées reçues les plus répandues est que la mémoire est une capacité figée dès la naissance et qu'elle ne peut pas être améliorée. On entend souvent dire que certaines personnes sont naturellement "douées" pour mémoriser, tandis que d'autres ont une mauvaise mémoire, sans espoir de changement.

En réalité, les recherches en neurosciences nous apprennent que la mémoire est bien plus flexible, grâce à la **neuroplasticité** (Kolb & Gibb, 2011 ; Pascual-Leone et al., 2005). En d'autres termes, notre cerveau est capable de se reconfigurer et de créer de nouvelles connexions neuronales tout au long de notre vie. Des exercices cognitifs simples, comme la répétition espacée, les jeux de mémoire, ou l'apprentissage de nouvelles compétences, peuvent renforcer notre capacité à mémoriser, quel que soit notre âge (Ball et al., 2002 ; Karpicke & Roediger, 2008).

Également, une des études célèbres de Draganski et al. (2004) a montré que l'apprentissage de nouvelles compétences, comme le jonglage, entraîne des changements structurels mesurables dans le cerveau, prouvant ainsi que notre mémoire peut être renforcée.

Les personnes âgées perdent forcément la mémoire

Un autre mythe persistant est que la perte de mémoire est inévitable avec l'âge. Bien qu'il soit vrai que certaines fonctions cognitives, comme la vitesse de traitement de l'information, peuvent diminuer avec l'âge, cela ne signifie pas que tous les aspects de la mémoire doivent se dégrader.

Des études ont montré que, même en vieillissant, on peut préserver, voire améliorer sa mémoire, à condition de continuer à stimuler son cerveau (Hertzog et al., 2009 ; Park & Reuter-Lorenz, 2009). Des activités comme les mots croisés, l'apprentissage d'une nouvelle langue ou la pratique d'un instrument de musique aident à maintenir la mémoire à long terme. Une étude réalisée par Wilson et al. (2002) a d'ailleurs révélé que les personnes âgées qui s'engagent régulièrement dans des activités intellectuellement stimulantes ont moins de risque de développer des troubles cognitifs.

Nous n'utilisons que 10 % de notre cerveau

Le mythe selon lequel nous n'utilisons que 10 % de notre cerveau est largement répandu, notamment à travers des films ou des œuvres de fiction. Cela suggère que notre cerveau a un potentiel caché qui pourrait être débloqué pour améliorer la mémoire ou d'autres capacités.

Ce mythe a été réfuté par les neuroscientifiques. En réalité, nous utilisons toutes les parties de notre cerveau, même si certaines zones sont plus actives que d'autres selon les tâches que nous effectuons. La mémoire implique un réseau complexe de connexions neuronales, qui travaillent ensemble pour encoder, stocker et retrouver des informations. Il n'existe donc pas de "zone inactive" de notre cerveau qui pourrait soudainement être activée pour augmenter notre capacité mnésique.

Comment évaluer sa propre mémoire

Il est essentiel de comprendre l'état actuel de sa mémoire pour identifier ses points forts et ses éventuelles faiblesses. Contrairement à ce que l'on pourrait penser, évaluer sa mémoire ne nécessite pas de tests complexes ni de dispositifs sophistiqués.

L'auto-évaluation subjective

Une manière simple d'évaluer votre mémoire est de prêter attention à vos expériences du quotidien. Vous pouvez vous poser des questions sur la fréquence des oublis : à quelle fréquence avez-vous du mal à vous rappeler où vous avez laissé vos clés ? Avez-vous tendance à oublier des prénoms ou des rendez-vous récents ? Ces observations personnelles, bien qu'informelles, peuvent révéler des schémas de mémoire défaillante ou bien fonctionner comme un indicateur de mémoire bien entraînée.

Tenir un journal de vos oublis sur plusieurs semaines peut aussi vous aider à détecter des tendances. Par exemple, vous pourriez remarquer que vous oubliez plus souvent lors de périodes de stress ou de fatigue.

Ces observations peuvent vous donner des indices sur les facteurs qui influencent votre mémoire et sur les domaines nécessitant une attention particulière.

Les tests cognitifs en ligne

Pour une évaluation plus objective, il existe des tests cognitifs en ligne qui mesurent différents aspects de la mémoire, comme la mémoire de travail, la mémoire à long terme ou la mémoire visuelle. Des plateformes comme **CogniFit** ou **Lumosity** proposent des exercices sous forme de jeux interactifs qui testent vos capacités mnésiques de manière ludique et offrent des résultats quantifiables.

Par exemple, un test typique pourrait vous demander de mémoriser une série de chiffres ou d'images pendant un court laps de temps, puis de les rappeler ensuite. En répétant ces exercices régulièrement, vous pourrez suivre vos progrès et identifier les domaines où votre mémoire s'améliore.

Le questionnaire de perception de la mémoire

Des questionnaires spécifiques, comme le **Memory Self-Efficacy Questionnaire** (MSEQ), permettent de mesurer la confiance que vous avez en votre mémoire pour accomplir certaines tâches. Par exemple, êtes-vous sûr de pouvoir vous rappeler d'une liste de courses ou d'un numéro de téléphone ?

Ce type de questionnaire permet d'évaluer non seulement vos capacités réelles, mais aussi la perception que vous en avez, car la confiance en sa mémoire joue un rôle clé dans la manière dont on l'utilise.

Les exercices de rappel espacés

Une autre méthode consiste à pratiquer des exercices de rappel espacés. Après avoir lu un article ou appris une information, essayez de résumer ce que vous avez retenu une heure plus tard, puis à nouveau le lendemain. Cette technique vous aidera à évaluer votre capacité à vous souvenir d'informations sur le long terme et vous donnera des pistes pour savoir où vous améliorer.

Conclusion du Chapitre 1

La mémoire est un processus fascinant et complexe, influencé par de nombreux facteurs, mais elle possède une incroyable capacité à évoluer. Comprendre ses mécanismes de base, les différents types de mémoire, ainsi que les étapes d'encodage et de consolidation, est essentiel pour savoir comment l'améliorer.

Ce chapitre a également montré que la mémoire n'est pas figée et que nos habitudes de vie, comme le sommeil, une alimentation équilibrée ou encore une activité physique régulière, peuvent avoir un impact positif sur ses performances.

Les mythes courants, qui prétendent que la mémoire est figée ou que son déclin est inévitable avec l'âge, ont été démentis par des recherches qui prouvent que, grâce à la neuroplasticité, il est possible de renforcer la mémoire à tout moment de la vie. Enfin, évaluer sa mémoire à travers des observations quotidiennes et des outils spécifiques permet de mieux cerner ses forces et faiblesses, pour cibler les domaines où des améliorations sont nécessaires.

En récapitulant ces points essentiels, on voit clairement que la mémoire n'est pas une capacité passive. Elle est dynamique, influencée par nos choix et notre environnement. Les stratégies et habitudes présentées dans le prochain chapitre vous fourniront des outils concrets pour mettre en pratique ces connaissances et optimiser votre mémoire jour après jour.

Chapitre 2 : Les 5 Habitudes Quotidiennes pour améliorer sa Mémoire

"Le corps est la cage de l'âme, l'âme la cage de la mémoire."

Francis Picabia

Vue d'ensemble des 5 Habitudes

Ce chapitre présente cinq habitudes clés, conçues pour améliorer la mémoire de manière progressive et durable. Ces pratiques s'appuient sur la capacité du cerveau à se remodeler, appelée **neuroplasticité**. Elles couvrent divers aspects du mode de vie, notamment la pleine conscience, la nutrition, l'exercice physique, des techniques spécifiques de mémorisation, et le sommeil. En intégrant ces habitudes dans votre routine quotidienne, vous renforcerez naturellement votre mémoire tout en optimisant votre bien-être général.

Habitude 1 : Pratiquer la pleine conscience et la méditation

La méditation et la pleine conscience sont de plus en plus reconnues pour leurs bienfaits en gestion du stress et équilibre émotionnel. Mais leurs bienfaits ne se limitent pas à la détente : de plus en plus de recherches montrent que ces techniques ont un effet direct sur l'amélioration de la mémoire (Jha et al., 2007 ; Zeidan et al., 2010). Elles influencent positivement les structures cérébrales impliquées dans la rétention des informations, notamment l'hippocampe.

Les effets de la méditation sur le cerveau

Des études scientifiques ont révélé que la méditation régulière peut augmenter la taille de certaines régions du cerveau associées à la mémoire. Une étude menée par Sara Lazar et ses collègues à l'Université de Harvard (2005) a démontré que huit semaines de pratique de la méditation de pleine conscience augmentaient l'épaisseur du cortex cérébral dans les zones impliquées dans l'attention et la mémoire. Ces changements structurels sont particulièrement bénéfiques pour la **mémoire de travail**, essentielle pour les tâches cognitives de la vie quotidienne.

Le lien entre la mémoire et la pleine conscience repose principalement sur la réduction du **stress**, qui est un des facteurs principaux affectant négativement la mémoire.

Lorsque nous sommes stressés, notre corps libère du cortisol, une hormone qui, en grande quantité, peut altérer l'hippocampe, la région du cerveau responsable de la consolidation des souvenirs. Une étude menée par Hölzel et al. (2011) a montré que la méditation de pleine conscience réduisait les niveaux de cortisol dans le corps, protégeant ainsi les fonctions cognitives, et en particulier la mémoire.

La pleine conscience pour améliorer l'attention et la mémoire

La pleine conscience se définit par la capacité à se concentrer entièrement sur le moment présent, sans distraction. Cette concentration soutenue est bénéfique pour la mémoire car elle prévient la dispersion mentale, où l'attention est divisée entre plusieurs tâches. Lorsque vous êtes entièrement concentré sur une tâche, vous encodez mieux les informations, augmentant ainsi vos chances de les rappeler plus tard.

En pratique, la pleine conscience peut être exercée à travers des techniques simples comme la respiration consciente ou l'observation des sensations corporelles. Ces pratiques favorisent un état mental calme et focalisé, réduisant la charge cognitive et améliorant l'encodage des souvenirs.

Des recherches ont montré que même des séances courtes de pleine conscience peuvent avoir un impact immédiat sur les performances cognitives. Par exemple, une étude de Zeidan et al. (2010) a révélé que seulement quatre jours de méditation de pleine conscience, à raison de 20 minutes par jour, amélioraient les capacités attentionnelles et la mémoire de travail. De plus, Lazar et al. (2005) ont démontré que la pratique régulière de la pleine conscience améliore non seulement la mémoire à court terme mais également l'attention soutenue, même après des périodes plus longues de méditation.

L'effet à long terme sur la mémoire

Les bienfaits de la pleine conscience ne se limitent pas aux effets immédiats. Des études indiquent qu'une pratique régulière sur le long terme offre une meilleure rétention des informations. Une recherche de Pagnoni et Cekic (2007) a révélé que les méditants à long terme connaissaient une diminution plus lente des fonctions cognitives, y compris la mémoire, par rapport à ceux qui ne pratiquaient pas la méditation.

Cette protection contre le **déclin cognitif** suggère que la pleine conscience pourrait jouer un rôle clé dans la prévention des troubles de la mémoire liés à l'âge. De plus, la recherche de Luders et al. (2009) a montré que la méditation de longue durée est associée à une augmentation de l'épaisseur corticale, en particulier dans les zones du cerveau liées à la mémoire et à l'attention, renforçant l'idée que la pleine conscience peut avoir des effets neuroprotecteurs à long terme.

Comment pratiquer la méditation et la pleine conscience ?

Méditation

1. **Choisir un espace calme** : Trouvez un endroit tranquille où vous ne serez pas dérangé. Cela peut être un coin de votre maison, un parc ou tout autre lieu où vous vous sentez à l'aise.

2. **Adopter une position confortable** : Asseyez-vous ou allongez-vous dans une position confortable. Vous pouvez vous asseoir sur une chaise, sur le sol avec un coussin, ou même vous allonger si cela vous aide à vous détendre. Assurez-vous que votre posture est droite, mais pas rigide.

3. **Fixer une durée** : Pour commencer, essayez de méditer pendant cinq à dix minutes. Vous pouvez utiliser un minuteur pour éviter de vérifier l'heure. À mesure que vous vous habituez, vous pourrez augmenter la durée.

4. **Concentrez-vous sur votre respiration** : Fermez les yeux et concentrez-vous sur votre respiration. Inspirez lentement par le nez, puis expirez doucement par la bouche. Remarquez la sensation de l'air qui entre et sort de votre corps. Si des pensées distrayantes surgissent, reconnaissez-les sans jugement et ramenez doucement votre attention sur votre respiration.

5. **Explorer différentes techniques** : Vous pouvez expérimenter différentes formes de méditation, comme la méditation guidée, la méditation de pleine conscience, ou la méditation par la visualisation. Chaque méthode a ses propres bienfaits et peut être choisie en fonction de vos préférences.

Pratique de la pleine conscience

1. **Intégrer la pleine conscience dans le quotidien** : La pleine conscience se pratique en étant pleinement présent dans le moment. Choisissez une activité quotidienne, comme manger, marcher ou prendre une douche, et concentrez-vous sur les sensations, les odeurs et les sons qui vous entourent.

2. **Observer sans jugement** : Pendant que vous êtes engagé dans une activité, observez vos pensées et émotions sans **porter** de jugement. Acceptez ce que vous ressentez sans essayer de changer quoi que ce soit.

3. **Utiliser des techniques simples** : Pratiquez des exercices de pleine conscience, comme la respiration consciente, où vous concentrez votre attention sur votre **respiration** pendant quelques minutes. Vous pouvez également essayer de décrire mentalement ce que vous voyez, entendez ou ressentez dans l'instant présent.

4. **Prendre des pauses conscientes** : Intégrez des pauses de pleine conscience dans votre journée. Par exemple, prenez **quelques** instants pour respirer profondément et vous recentrer avant de commencer une nouvelle tâche ou après une réunion.

5. **Utiliser des applications** : Des applications comme **Headspace** ou **Calm** offrent également des programmes spécifiques à la pleine conscience, vous guidant à travers des exercices et des méditations adaptées.

Habitude 2 : Maintenir une alimentation équilibrée

La relation entre ce que nous mangeons et la santé de notre cerveau est de plus en plus mise en lumière par la recherche scientifique. Une alimentation équilibrée est non seulement bénéfique pour le corps, mais elle joue également un rôle crucial dans la préservation et l'amélioration de notre mémoire. Les nutriments essentiels contribuent à maintenir les fonctions cognitives, stimulent la neurogenèse, et protègent les neurones contre les dommages liés au vieillissement et au stress oxydatif.

Les nutriments essentiels pour la mémoire

Certains nutriments sont particulièrement importants pour la santé du cerveau et la mémoire. Parmi eux, les **oméga-3**, les **antioxydants** et les

vitamines B sont les plus souvent étudiés pour leurs effets positifs sur la cognition.

1. **Les acides gras oméga-3** : Ces acides gras essentiels, présents dans le poisson gras (saumon, maquereau, sardines) et certaines graines (lin, chia), sont cruciaux pour la structure et le fonctionnement des membranes cellulaires dans le cerveau. Ils sont également impliqués dans la plasticité synaptique, un processus nécessaire à l'apprentissage et à la mémoire. Des études, notamment celle de Gómez-Pinilla (2008), ont montré que les oméga-3 favorisent la neurogenèse et peuvent ralentir le déclin cognitif lié à l'âge.

2. **Les antioxydants** : Les fruits et légumes riches en antioxydants, tels que les baies, les épinards ou le brocoli, protègent le cerveau du stress oxydatif, qui peut endommager les neurones et accélérer le déclin cognitif. Les antioxydants neutralisent les radicaux libres, des molécules instables nocives pour les cellules. Une étude de Joseph et al. (1999) a révélé que les régimes riches en antioxydants amélioraient la mémoire chez des rats vieillissants, suggérant des bénéfices similaires pour la santé cognitive humaine.

3. **Les vitamines B** : Les vitamines B6, B12 et l'acide folique jouent un rôle clé dans le maintien de la santé cognitive en aidant à réguler les niveaux d'homocystéine, un acide aminé qui, en excès, est

associé à un risque accru de troubles cognitifs. Une carence en ces vitamines est liée à une accélération du déclin de la mémoire et à une augmentation du risque de démence. Des recherches comme celles de Smith et al. (2010) ont montré que les suppléments en vitamines B pouvaient ralentir l'atrophie cérébrale chez des patients présentant des troubles cognitifs légers.

Les compléments alimentaires : un soutien supplémentaire

Bien que l'alimentation équilibrée soit la meilleure source de nutriments, certaines personnes peuvent bénéficier de **compléments alimentaires** pour soutenir la santé de leur cerveau. Par exemple, des oméga-3 sous forme de suppléments peuvent être utiles pour ceux qui ne consomment pas régulièrement de poisson gras. De même, des complexes de vitamines B peuvent être envisagés pour compenser d'éventuelles carences, surtout chez les personnes âgées ou celles ayant des régimes restrictifs.

Toutefois, il est important de consulter un professionnel de santé avant de commencer tout complément, afin de déterminer ce qui est nécessaire et d'éviter d'éventuels effets indésirables.

L'alimentation méditerranéenne : un modèle pour la mémoire

Le régime méditerranéen est souvent recommandé pour sa contribution à la santé cérébrale. Ce régime est riche en fruits, légumes, noix, céréales complètes, poissons gras et huiles saines (comme l'huile d'olive), et faible en viandes rouges et produits transformés. Une étude publiée dans le *Journal of Alzheimer's Disease* (Scarmeas et al., 2006) a montré que les personnes suivant un régime méditerranéen avaient un risque plus faible de développer des troubles cognitifs et obtenaient de meilleurs résultats aux tests de mémoire.

Ce type d'alimentation, riche en antioxydants et en acides gras oméga-3, réduit l'inflammation et améliore la santé des vaisseaux sanguins dans le cerveau, optimisant ainsi le flux sanguin et la nutrition des neurones.

Les effets néfastes d'une alimentation riche en sucres et graisses saturées

Si certains aliments renforcent la mémoire, d'autres peuvent, au contraire, l'affaiblir. Les régimes riches en sucres raffinés et en graisses saturées, souvent associés aux aliments transformés et fast-foods, peuvent provoquer une inflammation chronique du cerveau et altérer la signalisation neuronale. Des études ont montré que les régimes riches en graisses saturées sont liés à une diminution de la plasticité synaptique et à une performance cognitive réduite (Francis & Stevenson, 2013 ; Kanoski & Davidson, 2011)

Une étude menée par Molteni et al. (2002) a révélé que ces régimes réduisent la production du facteur neurotrophique dérivé du cerveau (BDNF), une protéine essentielle pour la survie des neurones, en particulier dans l'hippocampe, la région du cerveau responsable de la mémoire et des souvenirs. Ces derniers sont également associés à un risque accru de maladies neurodégénératives comme la maladie d'Alzheimer.

Comment intégrer une alimentation favorable à la mémoire ?

Adopter une alimentation équilibrée pour améliorer la mémoire ne signifie pas qu'il faut tout changer du jour au lendemain. Vous pouvez commencer par des ajustements progressifs. Voici quelques conseils pratiques :

1. **Ajoutez des sources d'oméga-3** à vos repas, comme le poisson gras, les graines de lin ou les noix.

2. **Augmentez votre consommation de fruits et légumes colorés**, riches en antioxydants.

3. **Limitez les sucres raffinés** et les aliments transformés, en privilégiant les céréales complètes et les aliments naturels.

4. **Incorporez des légumineuses** comme les lentilles et les pois chiches, qui sont riches en fibres et en vitamines B.

Ces petits changements, pris au fil du temps, peuvent avoir un impact significatif sur votre mémoire et votre bien-être général.

Habitude 3 : Exercice physique régulier

L'exercice physique n'est pas seulement bénéfique pour le corps ; il a également des effets puissants sur la mémoire et la santé cognitive. Le mouvement stimule le cerveau de multiples façons, améliorant la circulation sanguine, favorisant la neurogenèse (la création de nouveaux neurones) et réduisant le stress, un facteur souvent lié au déclin mnésique. Intégrer une activité physique régulière dans son quotidien est l'une des habitudes les plus efficaces pour préserver et renforcer la mémoire à tout âge.

Comment l'exercice influence la mémoire

L'une des découvertes les plus intéressantes des neurosciences est que l'exercice physique favorise la croissance de nouvelles cellules cérébrales dans l'hippocampe. Ce processus est partiellement lié à l'augmentation du **BDNF** (Brain-Derived

Neurotrophic Factor). Des études, comme celle d'Erickson et al. (2011), ont montré que les personnes qui s'engagent régulièrement dans des activités physiques, comme la marche ou le jogging, constatent une augmentation du volume de leur hippocampe, ce qui améliore la mémoire spatiale.

L'exercice améliore également la **circulation sanguine cérébrale**, garantissant que les neurones reçoivent un apport suffisant en oxygène et en nutriments, ce qui est crucial pour leur bon fonctionnement. Une étude menée par Pereira et al. (2007) a montré que l'exercice aérobie stimule la vascularisation dans des zones du cerveau associées à la mémoire, ce qui entraîne une meilleure rétention des informations.

L'exercice et la prévention du déclin cognitif

L'exercice physique ne se contente pas d'améliorer la mémoire à court terme ; il agit également comme un rempart contre le déclin cognitif lié à l'âge. De nombreuses études indiquent que les personnes âgées qui pratiquent régulièrement des activités physiques présentent un **risque réduit de troubles neurodégénératifs**, tels que la maladie d'Alzheimer (Hamer & Chida, 2009 ; Larson et al., 2006). Une étude de Rovio et al. (2005) a révélé que les individus engagés dans une activité physique régulière à l'âge moyen ont un risque réduit de 50 % de développer une démence plus tard dans leur vie.

L'exercice favorise non seulement la création de nouveaux neurones, mais il améliore aussi la plasticité synaptique, le processus par lequel les connexions entre les neurones sont renforcées, ce qui est essentiel pour l'apprentissage et la mémoire. Cela signifie que l'exercice contribue à maintenir des connexions cérébrales solides, même en vieillissant.

Quelle forme d'exercice privilégier pour améliorer la mémoire ?

Tous les types d'exercices physiques ne sont pas égaux en matière de bénéfices cognitifs. Les activités aérobiques, qui augmentent le rythme cardiaque et stimulent la circulation sanguine, sont particulièrement bénéfiques pour le cerveau. La marche rapide, la course, la natation et le vélo sont tous associés à des améliorations significatives de la mémoire et des fonctions exécutives.

Cela ne signifie pas que des séances d'exercice intensif soient nécessaires pour obtenir des résultats. Des études montrent que même des activités modérées, comme 30 minutes de marche par jour, peuvent avoir un impact positif (Abbott et al., 2004 ; Lautenschlager et al., 2008). Une étude réalisée par Hillman et al. (2008) a révélé que même des activités physiques d'intensité modérée augmentaient les performances cognitives des adultes et des enfants, notamment la mémoire de travail et l'attention.

Les **exercices de résistance**, comme le levé de poids, sont également importants. Bien que leurs effets directs sur la mémoire soient moins étudiés que ceux des exercices aérobiques, ils renforcent le corps, réduisent le risque de chutes et favorisent un vieillissement en bonne santé, ce qui soutient indirectement la cognition. (Cassilhas et al., 2007 ; Liu-Ambrose & Donaldson, 2009).

Combiner exercice physique et stimulation mentale

Pour obtenir les meilleurs résultats, certaines études suggèrent que combiner l'exercice physique avec une **stimulation mentale** est particulièrement bénéfique pour la mémoire (Bamidis et al., 2014 ; Fabre, et al., 2002). Des activités comme le tennis ou la danse, qui demandent à la fois une activité physique et une coordination cognitive, stimulent le cerveau de manière complète. Une étude menée par Voelcker-Rehage et al. (2011) a montré que les exercices qui incluent à la fois une dimension physique et cognitive améliorent davantage les fonctions exécutives que les exercices purement physiques.

Les exercices de pleine conscience, comme le yoga ou le tai-chi, sont également intéressants. Ils combinent une activité physique douce avec des pratiques qui réduisent le stress, favorisant ainsi une meilleure mémoire. Gothe et McAuley (2015) ont révélé que le yoga améliore non seulement la mémoire à court terme mais aussi les capacités d'attention.

Comment intégrer l'exercice dans son quotidien ?

Choisissez une activité physique que vous aimez, car cela augmente les chances de la maintenir à long terme. Vous n'avez pas besoin de devenir un athlète pour profiter des avantages de l'exercice sur la mémoire. Commencez par des objectifs modestes, comme 30 minutes de marche trois fois par semaine, puis augmentez progressivement l'intensité et la fréquence. L'essentiel est de rester régulier.

Envisagez d'inclure des activités variées : une combinaison d'exercices aérobiques, de résistance et d'activités de pleine conscience vous permettra d'obtenir des bénéfices optimaux pour votre mémoire et votre bien-être général.

Habitude 4 : Techniques de mémorisation

Nous avons tous eu du mal à nous souvenir d'une information cruciale au moment où elle était nécessaire. Heureusement, il existe des techniques spécifiques qui peuvent améliorer considérablement votre capacité à mémoriser et à rappeler des informations. Ces méthodes, souvent employées par les "champions de la mémoire", sont accessibles à tous et peuvent être intégrées facilement dans votre quotidien. Parmi les plus courantes figurent la méthode des loci, la carte mentale, les acronymes, l'auto-explication et la répétition espacée.

La méthode des loci : visualiser pour mieux retenir

La **méthode des loci**, également connue sous le nom de **palais de la mémoire**, est une technique ancienne, utilisée depuis l'Antiquité pour aider à mémoriser de longues listes d'informations. Elle repose sur le principe de l'association visuelle : vous imaginez un lieu familier, comme votre maison, et placez mentalement des objets représentant chaque élément à mémoriser à des endroits spécifiques dans cet espace.

Des études ont montré que cette méthode est particulièrement efficace pour améliorer la mémoire à long terme (Bower, 1970 ; Dresler et al., 2017). En 2003, une étude de Maguire et al. a révélé que les champions de la mémoire utilisaient souvent la méthode des loci pour retenir des quantités massives de données. Le cerveau humain est naturellement bon pour se souvenir de lieux et de parcours, et en liant des informations abstraites à des images mentales familières, la méthode des loci exploite cette capacité pour améliorer la rétention.

Pour appliquer cette méthode dans la vie quotidienne, il suffit de choisir un espace bien connu (comme votre maison ou votre trajet quotidien) et d'y placer des éléments que vous voulez mémoriser. Lorsque vous souhaitez rappeler ces informations, il vous suffit de "parcourir" mentalement cet espace, et les objets vous rappelleront les informations associées.

La carte mentale : organiser les idées pour un rappel optimal

La **carte mentale**, également appelée *mind map*, est une technique de mémorisation et d'organisation qui permet de structurer visuellement l'information de manière hiérarchique. Utilisée pour comprendre, synthétiser et mémoriser des données complexes, elle offre un format à la fois créatif et structuré qui facilite le rappel.

Le principe de la carte mentale repose sur une **représentation graphique d'idées ou d'informations sous forme de branches** qui s'étendent à partir d'un concept central. À chaque branche, des sous-éléments peuvent être ajoutés, créant ainsi une arborescence visuelle. Cette approche engage non seulement la mémoire visuelle, mais aussi la logique et l'association d'idées, renforçant ainsi la rétention des informations.

Des études montrent que l'utilisation de cartes mentales peut améliorer l'apprentissage et la mémorisation. Par exemple, Farrand, Hussain et Hennessy (2002) ont constaté une augmentation de 10 % des performances mnésiques chez des étudiants en médecine utilisant des cartes mentales pour leurs révisions. Une autre étude menée par D'Antoni, Zipp et Olson (2009) a révélé que les cartes mentales améliorent non seulement la mémorisation des concepts, mais aussi leur compréhension à long terme dans un contexte d'apprentissage médical.

Pour créer une carte mentale efficace, commencez par écrire le thème ou l'idée centrale au milieu d'une feuille. À partir de là, dessinez des branches principales pour chaque concept ou idée clé que vous souhaitez retenir. Sous chaque branche, ajoutez des sous-branches qui détaillent ces concepts avec des mots-clés, des images ou des symboles. N'hésitez pas à utiliser des couleurs ou des illustrations pour rendre votre carte mentale plus visuelle et mémorable.

L'avantage des cartes mentales est qu'elles transforment des informations linéaires en une structure plus organique et intuitive, ce qui aide à la compréhension et au rappel des idées. Elles sont particulièrement utiles pour les personnes qui préfèrent une approche visuelle de l'apprentissage ou qui ont besoin de voir les relations entre les différentes informations qu'elles étudient.

Exemple de carte mentale

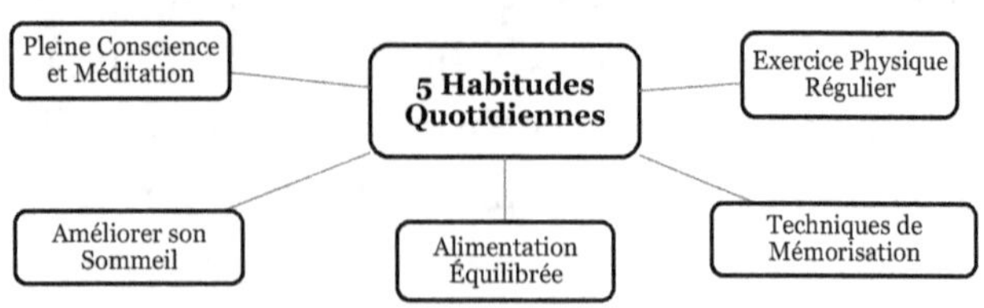

Les acronymes et les mnémotechniques : simplifier la complexité

Les **acronymes** et autres **mnémotechniques** sont des méthodes simples et efficaces pour aider à se rappeler d'informations complexes ou abstraites. En créant un mot ou une phrase à partir des premières lettres d'une série de mots à mémoriser, vous simplifiez l'information et la rendez plus facile à rappeler.

Un exemple bien connu est l'acronyme "EDF" pour désigner Électricité de France, le principal fournisseur d'énergie en France. Ces techniques sont particulièrement utiles dans des contextes où il est nécessaire de mémoriser des listes ou des séquences d'informations. Elles réduisent la charge cognitive et facilitent le rappel en transformant des éléments isolés en une structure plus organisée.

Les mnémotechniques peuvent être adaptées à divers contextes. Pour mémoriser un concept complexe, par exemple, créez une phrase associant chaque idée clé à une image ou un mot. Les associations exagérées ou insolites fonctionnent souvent mieux, car le cerveau se souvient plus facilement des images inhabituelles.

Renforcer la mémorisation par l'auto-explication

Une méthode efficace pour améliorer la rétention des informations est de se poser trois questions après avoir appris quelque chose :

1. Qu'est-ce que j'ai compris ?

2. Comment vais-je l'appliquer ?

3. À qui vais-je le raconter ?

Ce processus d'auto-explication engage l'apprenant de manière active, favorisant une compréhension plus profonde et une mémorisation durable. Des études, comme celles de Chi et al. (1994), ont montré que les apprenants qui expliquent les concepts à eux-mêmes ou à autrui obtiennent de meilleurs résultats dans leurs performances académiques. En réfléchissant aux nouvelles informations et en les partageant, on renforce non seulement sa mémoire, mais aussi sa capacité à appliquer les connaissances dans des contextes variés.

La répétition espacée : renforcer la mémoire à long terme

La **répétition espacée** est une technique qui repose sur un principe simple : pour mémoriser une information sur le long terme, il est plus efficace de la réviser à intervalles réguliers plutôt que de la répéter plusieurs fois en une seule session (ce que l'on appelle le bachotage). Ce principe, découvert par Hermann Ebbinghaus au XIXe siècle dans son livre publié en 1885, est soutenu par de nombreuses recherches récentes dont récemment celle de Kang (2016).

L'idée derrière la répétition espacée est que chaque fois que vous rappelez une information après un certain intervalle, vous renforcez cette information dans votre mémoire à long terme. Au fil du temps, les intervalles de révision peuvent s'allonger, car les souvenirs deviennent plus stables. Des applications comme **Anki** ou **SuperMemo** sont basés sur ce principe et permettent de planifier des révisions optimales pour renforcer la rétention.

Une étude de Cepeda et al. (2006) a démontré que les personnes utilisant la répétition espacée se rappellent mieux des informations même après plusieurs mois, comparativement à celles qui ne l'utilisent pas. Cette méthode est particulièrement utile pour les étudiants, professionnels, ou toute personne cherchant à acquérir et conserver de nouvelles connaissances.

Combiner les techniques pour des résultats optimaux

Les meilleures performances mnésiques sont souvent obtenues en combinant plusieurs techniques. Par exemple, vous pourriez utiliser la méthode des loci pour vous rappeler de concepts larges ou de longues listes, puis renforcer ces souvenirs à l'aide de l'auto-explication et la répétition espacée. Les acronymes et mnémotechniques, quant à eux, sont utiles pour des éléments spécifiques que vous avez besoin de retenir de manière détaillée.

Ces techniques peuvent aussi être adaptées aux préférences personnelles et au type d'informations que vous souhaitez retenir. Certaines personnes trouvent que la méthode des loci est idéale pour des informations visuelles, tandis que d'autres préfèrent les acronymes pour des listes plus abstraites. La carte mentale, quant à elle, est souvent privilégiée par ceux qui souhaitent organiser des idées complexes de manière structurée et visuelle. L'important est de trouver les méthodes qui fonctionnent le mieux pour vous et de les intégrer dans vos habitudes quotidiennes.

Habitude 5 : Améliorer son sommeil

Le sommeil joue un rôle fondamental dans le processus de mémorisation. Bien qu'il soit souvent négligé, un sommeil de qualité est essentiel pour consolider les informations acquises pendant la journée et les ancrer dans la mémoire à long terme.

De nombreuses études ont montré que des nuits de sommeil insuffisantes ou de mauvaise qualité nuisent à la capacité du cerveau à traiter, stocker et rappeler des souvenirs. Par exemple, Harrison et Horne (2000) ont révélé que la privation de sommeil affecte la mémoire de travail et les fonctions cognitives, tandis que Cairney et al. (2014) ont démontré que le sommeil renforce les souvenirs, en particulier les souvenirs émotionnels. En optimisant votre sommeil, vous pouvez grandement améliorer vos performances mnésiques et votre bien-être cognitif général.

La consolidation des souvenirs pendant le sommeil

Lorsque nous dormons, notre cerveau ne se repose pas simplement ; il effectue un travail crucial de **consolidation des souvenirs**. Ce processus permet de stabiliser et de transférer les informations récemment acquises de la mémoire à court terme à la mémoire à long terme. Des recherches ont montré que ce phénomène se produit principalement pendant le sommeil paradoxal (REM) et les stades profonds du sommeil non paradoxal (NREM) (Diekelmann & Born, 2010 ; Gais & Born, 2004)

Une étude de Walker et Stickgold (2004) a montré que les personnes ayant un sommeil complet après l'apprentissage de nouvelles informations retiennent ces informations beaucoup mieux que celles qui sont privées de sommeil. Le sommeil non paradoxal joue un rôle clé dans la consolidation des souvenirs déclaratifs, tels que les faits et les événements personnels, tandis que le sommeil paradoxal est plus impliqué dans les souvenirs procéduraux, comme les compétences motrices et les habitudes.

Les effets néfastes du manque de sommeil sur la mémoire

Le manque de sommeil, qu'il s'agisse d'une privation totale ou partielle, a des effets délétères sur la mémoire. Une étude menée par Yoo et al. (2007) a révélé que la privation de sommeil entraîne une réduction significative de l'activité de l'hippocampe, la région du cerveau essentielle à la consolidation des souvenirs. Les participants privés de sommeil avaient beaucoup plus de difficultés à mémoriser de nouvelles informations que ceux ayant bénéficié d'une nuit complète de sommeil.

De plus, la privation chronique de sommeil augmente les niveaux de cortisol, l'hormone du stress, qui, en excès, peut endommager les cellules cérébrales, notamment dans l'hippocampe. Cela contribue non seulement à des difficultés immédiates de mémoire, mais aussi à un déclin cognitif à long terme.

Optimiser son sommeil pour améliorer la mémoire

Améliorer la qualité et la quantité de sommeil est une habitude clé pour optimiser les performances mnésiques. Voici quelques conseils pratiques, basés sur des recherches scientifiques, pour mieux dormir et ainsi améliorer votre mémoire :

1. **Respecter un horaire de sommeil régulier** : Se coucher et se lever à des heures fixes, même le

week-end, aide à réguler votre horloge biologique, ou **rythme circadien**. Une étude de Czeisler et al. (1999) a montré que des rythmes de sommeil irréguliers perturbent la qualité du sommeil et nuisent à la consolidation des souvenirs.

2. **Créer un environnement propice au sommeil** : Un espace calme, sombre et frais favorise un sommeil de meilleure qualité. La température idéale de la chambre se situe entre 16 et 20 degrés. Limiter l'exposition aux écrans avant le coucher est également important, car la lumière bleue émise par les téléphones et ordinateurs perturbe la production de mélatonine, une hormone clé pour l'endormissement. Une étude de Chang et al. (2015) a montré que l'utilisation d'appareils électroniques avant de dormir réduisait la durée et la qualité du sommeil, impactant négativement la mémoire.

3. **Faire attention aux repas** : La manière dont nous mangeons et le moment de nos repas peuvent avoir un impact significatif sur la qualité du sommeil. Une étude menée par Chung et al. (2020) a montré qu'un repas pris dans les trois heures précédant le coucher est lié à un risque accru de réveils nocturnes. Cela peut être dû à des **inconforts digestifs**, comme le reflux acide ou l'indigestion, qui perturbent le sommeil lorsque le corps doit travailler à digérer les aliments. Pour

améliorer la qualité du sommeil, il est recommandé d'attendre au moins trois heures après un repas avant de se coucher. Consommer des aliments riches en glucides ou en tryptophane, comme les bananes et les noix, peut également favoriser la production de mélatonine. Selon une recherche d'Afaghi et al. (2007), un repas riche en glucides consommé quatre heures avant le coucher facilite l'endormissement, tandis qu'un repas pris juste avant peut nuire à la qualité du sommeil.

4. **Adopter une routine de relaxation avant le coucher** : Pratiquer des techniques de relaxation, comme la méditation ou la respiration profonde, avant de se coucher aide à calmer l'esprit et à réduire le stress, facilitant ainsi l'endormissement. Des recherches ont montré que la méditation avant de dormir améliore la qualité du sommeil et favorise la consolidation des souvenirs, tout en réduisant les symptômes d'insomnie (Hülsheger et al., 2013 ; Black et al., 2015).

5. **Limiter les stimulants** : Éviter la caféine et les repas lourds avant de dormir est crucial pour obtenir un sommeil profond et réparateur. La caféine, en particulier, reste dans le corps pendant plusieurs heures et peut perturber les cycles de sommeil, même si vous ne ressentez pas directement ses effets. Une étude de Drake et al. (2013) a montré que consommer de la caféine six

heures avant le coucher réduit considérablement la durée du sommeil.

Le sommeil et la prévention du déclin cognitif

Un bon sommeil n'améliore pas seulement la mémoire à court terme ; il joue également un rôle crucial dans la prévention des troubles cognitifs liés à l'âge. Des études longitudinales ont révélé que les personnes qui dorment suffisamment et régulièrement tout au long de leur vie présentent un risque plus faible de développer des troubles neurodégénératifs, comme la maladie d'Alzheimer (Lim et al., 2013 ; Xie et al., 2013). Également, une étude menée par Spira et al. (2013) a montré que les adultes âgés souffrant de troubles du sommeil avaient un risque accru d'accumulation de protéines bêta-amyloïdes, un marqueur clé de la maladie d'Alzheimer.

En favorisant un sommeil de qualité dès maintenant, vous investissez dans la santé de votre cerveau à long terme. Le sommeil joue un rôle essentiel dans l'élimination des déchets métaboliques du cerveau, un processus connu sous le nom de **nettoyage glymphatique**, qui se produit principalement pendant le sommeil profond. Ce processus aide à prévenir l'accumulation de protéines toxiques liées aux maladies neurodégénératives.

Conclusion du Chapitre 2

Améliorer la mémoire ne repose pas sur une seule technique ou solution rapide, mais sur un ensemble d'habitudes quotidiennes qui, pratiquées régulièrement, renforcent les capacités cognitives et préviennent le déclin mental. Les cinq habitudes présentées dans ce chapitre — la pleine conscience, une alimentation équilibrée, l'exercice physique, les techniques de mémorisation et l'optimisation du sommeil — se complètent pour créer un environnement favorable à la neuroplasticité et à la consolidation des souvenirs.

Pratiquer la pleine conscience réduit le stress, un facteur majeur qui nuit à la mémoire, tandis que l'alimentation et l'exercice apportent les nutriments et les stimuli nécessaires pour soutenir la croissance neuronale et maintenir les fonctions cérébrales en bonne santé. Les techniques de mémorisation offrent des outils pratiques pour mieux organiser et rappeler les informations, et un sommeil de qualité assure que les souvenirs sont solidement ancrés dans la mémoire à long terme.

En adoptant progressivement ces habitudes dans votre routine, vous pouvez non seulement améliorer votre mémoire, mais aussi optimiser votre bien-être général. Ces pratiques, basées sur des recherches scientifiques solides, vous permettent de prendre en main votre santé cognitive et de construire une mémoire plus forte, plus résiliente et prête à relever les défis quotidiens.

Chapitre 3 : Le Plan de 21 jours pour améliorer sa Mémoire

"La mémoire, comme le feu, est éteinte si l'on ne l'alimente."

Marguerite Yourcenar

Améliorer sa mémoire demande de la régularité, et la mise en place d'habitudes efficaces est un processus progressif. C'est pourquoi nous vous proposons un **plan de 21 jours**, conçu pour vous aider à intégrer les cinq habitudes clés vues précédemment dans votre quotidien. Ce programme vous permettra de prendre conscience des progrès réalisés, de suivre votre évolution, et de faire les ajustements nécessaires au fur et à mesure de l'avancée.

Pourquoi 21 jours ?

L'idée d'un plan de 21 jours pour intégrer de nouvelles habitudes provient des recherches en psychologie du comportement, notamment celles du Dr. Maxwell

Maltz dans son livre *Psycho-Cybernetics* (1960). Il affirmait qu'il fallait en moyenne 21 jours pour qu'une personne s'adapte à un **changement**, comme l'acceptation de son apparence après une chirurgie esthétique ou l'adoption d'une nouvelle habitude.

Bien que cette durée spécifique soit devenue très répandue, des recherches récentes, comme celles de Lally et al. (2010) et Gardner et al. (2012), montrent que le temps exact pour établir une **habitude** peut varier de 18 à 254 jours selon l'individu et la complexité de l'habitude. Lally et al. ont également montré qu'il faut en moyenne 66 jours pour qu'une habitude devienne véritablement automatique, bien que certaines habitudes simples puissent s'installer plus rapidement, parfois en seulement 21 jours, selon la régularité et l'intensité de la pratique.

Cette approche repose sur la répétition et la cohérence : lorsqu'une action est répétée régulièrement, elle commence à s'intégrer dans la mémoire procédurale, responsable des routines automatiques.

Jour 1 à 7 : Phase d'introduction

Les premiers jours sont consacrés à la **prise de conscience** et à la **mise en place initiale** des habitudes. Cette phase est cruciale pour vous familiariser avec les pratiques et observer les premiers changements.

- **Méditation et pleine conscience** : Commencez avec des sessions courtes de méditation de 5 à 10 minutes chaque jour. Utilisez une application de méditation guidée si nécessaire. Essayez de pratiquer la pleine conscience pendant vos activités quotidiennes, en mangeant ou en marchant par exemple.

- **Alimentation** : Durant cette première semaine, concentrez-vous sur l'ajout de nutriments bénéfiques à votre alimentation. Introduisez plus d'oméga-3 (poisson gras, noix) et de fruits riches en antioxydants. Évitez les sucres raffinés et les aliments transformés.

- **Exercice physique** : Intégrez 30 minutes d'exercice modéré, comme la marche rapide, trois à quatre fois par semaine. Si vous avez déjà une routine, essayez d'y ajouter un jour d'exercice supplémentaire.

- **Techniques de mémorisation** : Utilisez une technique simple comme les acronymes, la méthode des loci ou carte mentale pour organiser des informations que vous devez retenir cette semaine (une liste de courses, des noms, etc.).

- **Sommeil** : Observez votre routine de sommeil et essayez de respecter des horaires fixes. Éliminez les écrans une heure avant le coucher pour favoriser un sommeil de meilleure qualité.

Suivi et ajustement : À la fin de la première semaine, prenez un moment pour évaluer vos premières impressions. Quelles habitudes ont été les plus difficiles à adopter ? Quelles actions vous semblent faciles à maintenir ? Si une pratique comme la méditation est trop contraignante, réduisez encore le temps de pratique (même 2 minutes de pleine conscience peuvent suffire à créer l'habitude). À l'inverse, si un exercice vous semble déjà intégré, augmentez légèrement l'intensité pour continuer à progresser.

Exemple de tableau que vous pouvez réaliser :

Jour	Durée de méditation (min)	Aliments ajoutés	Exercice	Technique de mémorisation travaillé	Heure de coucher	Heure de réveil	Durée de sommeil (h)
Jour 1	5	Myrtilles et framboises	-	Acronyme	22:10	06:00	07:50
Jour 2	3	Raisins	Marche rapide	Acronyme	23:15	06:00	06:45
Jour 3	7	Orange	Marche rapide	Acronyme	00:20	06:00	05:40
Jour 4	10	Sardines	-	Carte Mentale	22:45	06:00	07:15
Jour 5	6	Prunes	Yoga	Carte Mentale	23:45	06:00	06:15
Jour 6	4	Pommes et oranges	-	Carte Mentale	00:45	08:00	07:15
Jour 7	7	Thon et poires	-	Acronyme	01:30	09:00	07:30

Jour 8 à 14 : Phase de renforcement

Dans cette deuxième phase, vous allez **consolider les habitudes** introduites et renforcer leur présence dans votre routine quotidienne.

- **Méditation et pleine conscience** : Augmentez progressivement la durée de vos sessions de méditation à 10-15 minutes. Essayez de pratiquer la pleine conscience au moins une fois par jour en vous concentrant pleinement sur une tâche simple.

- **Alimentation** : Continuez à intégrer des aliments riches en nutriments. Introduisez plus de légumineuses (comme les lentilles ou pois chiches) pour leurs vitamines B. Limitez les aliments transformés et suivez votre consommation d'eau.

- **Exercice physique** : Maintenez les 30 minutes d'exercice, mais si vous le pouvez, incluez une activité plus stimulante comme le vélo ou la course à pied, au moins une fois par semaine.

- **Techniques de mémorisation** : Commencez à appliquer la répétition espacée. Par exemple, après avoir lu un article ou un chapitre de livre, récapitulez ce que vous avez retenu une heure plus tard, puis à nouveau le lendemain.

- **Sommeil** : Assurez-vous de maintenir une routine de sommeil stable, avec des heures fixes pour vous coucher et vous réveiller. Si vous remarquez des perturbations dans votre sommeil, essayez d'introduire une routine de relaxation avant le coucher, comme une séance de méditation ou une tisane apaisante.

Suivi et ajustement : À ce stade, observez comment chaque habitude s'installe dans votre quotidien. Y a-t-il des moments de la journée plus propices à certaines pratiques (par exemple, méditer le matin plutôt que le soir) ? Si une habitude ne semble pas fonctionner, soyez flexible et ajustez la manière dont vous l'intégrez. Peut-être que l'exercice physique serait plus agréable en fin de journée, ou que vous pourriez tester de nouveaux aliments pour éviter la monotonie.

Exemple de tableau que vous pouvez réaliser :

Jour	Durée de méditation (min)	Aliments ajoutés	Exercice (type)	Technique de mémorisation travaillée	Heure de coucher	Heure de réveil	Durée de sommeil (h)
Jour 8	10	Lentilles	Marche rapide	Répétition espacée	22:00	06:00	08:00
Jour 9	12	Pois chiches	Vélo	Répétition espacée	22:30	06:00	07:30
Jour 10	15	Légumes variés	Course à pied	Répétition espacée	22:15	06:00	07:45
Jour 11	10	Fruits secs	Marche rapide	Répétition espacée	22:00	06:00	08:00
Jour 12	12	Graines	Yoga	Répétition espacée	23:00	06:00	07:00
Jour 13	15	Légumineuses	Vélo	Répétition espacée	00:00	08:00	08:00
Jour 14	10	Jus d'orange	Marche rapide	Répétition espacée	01:00	09:00	08:00

Jour 15 à 21 : Phase de stabilisation

Dans la dernière phase du programme, l'objectif est de **solidifier ces habitudes** pour qu'elles deviennent naturellement une partie de votre mode de vie. Vous pouvez aussi ajuster certains éléments en fonction de vos préférences et des résultats observés.

- **Méditation et pleine conscience** : Augmentez la durée de vos sessions si cela vous semble naturel (jusqu'à 20 minutes par jour). Continuez à pratiquer la pleine conscience pendant des activités quotidiennes, comme cuisiner ou marcher.

- **Alimentation** : À ce stade, votre régime alimentaire devrait inclure régulièrement des sources d'oméga-3, d'antioxydants et, de vitamines B. Continuez à éliminer progressivement les aliments nocifs pour le cerveau, comme les graisses saturées et les sucres raffinés.

- **Exercice physique** : Maintenez votre routine d'exercice, et si possible, essayez d'intégrer des activités qui sollicitent aussi vos capacités cognitives, comme la danse ou des sports de coordination.

- **Techniques de mémorisation** : Testez d'autres techniques de mémorisation, comme les palais de mémoire, pour retenir des informations plus complexes ou plus volumineuses. Continuez la répétition espacée pour renforcer votre mémoire à long terme.

- **Sommeil** : Maintenez un bon rythme de sommeil et continuez à éliminer les distractions avant le coucher. Assurez-vous de vous réveiller reposé et ajustez votre routine si nécessaire.

Suivi et ajustement final : À la fin des 21 jours, prenez du recul et évaluez l'ensemble de vos progrès. Quels changements ont eu le plus grand impact sur votre mémoire et votre bien-être général ? Quelles habitudes vous semblent les plus durables à long terme ? L'idée est de rendre ces habitudes **adaptables à votre quotidien**, sans qu'elles deviennent des contraintes. Identifiez les ajustements à long terme qui vous semblent nécessaires pour que ces pratiques deviennent automatiques et bénéfiques dans la durée.

Exemple de tableau que vous pouvez réaliser :

Jour	Durée de méditation (min)	Aliments ajoutés	Exercice (type)	Technique de mémorisation travaillée	Heure de coucher	Heure de réveil	Durée de sommeil (h)
Jour 15	15	Saumon	Danse	Palais de mémoire	22:00	06:00	08:00
Jour 16	15	Noix	Marche rapide	Répétition espacée	22:15	06:00	07:45
Jour 17	20	Légumes verts	Course à pied	Palais de mémoire	22:00	06:00	08:00
Jour 18	15	Baies	Danse	Répétition espacée	22:00	06:00	08:00
Jour 19	20	Quinoa	Yoga	Palais de mémoire	22:15	06:00	07:45
Jour 20	15	Avocat	Cyclisme	Répétition espacée	00:00	08:00	08:00
Jour 21	20	Légumineuses	Marche rapide	Palais de mémoire	01:00	09:00	08:00

Conclusion du Plan de 21 jours

Ce programme de 21 jours est conçu pour vous aider à intégrer progressivement les habitudes qui amélioreront votre mémoire, votre bien-être cognitif et votre qualité de vie. En adoptant une approche progressive et en ajustant les pratiques selon vos besoins, vous pouvez solidifier ces habitudes de manière durable. Rappelez-vous que le processus est flexible : l'important est de maintenir la régularité et de rester attentif aux bénéfices ressentis. Avec le temps, ces pratiques deviendront des piliers essentiels pour préserver et améliorer vos capacités mnésiques

Chapitre 4 : Exercices Quotidiens pour stimuler la Mémoire

"La mémoire est une faculté qui oublie."

Gustave Flaubert

Après avoir intégré les cinq habitudes essentielles grâce au plan de 21 jours, ce chapitre vous propose des **exercices quotidiens concrets** pour renforcer votre mémoire de manière continue. Ces exercices viennent compléter les habitudes déjà établies, en offrant un moyen de maintenir votre cerveau actif et stimulé jour après jour. Que ce soit à travers des jeux mentaux, des outils numériques ou des activités simples, chacun de ces exercices vise à améliorer différents aspects de la mémoire tout en étant accessible à tous.

1. Les jeux de mémoire : booster la rétention à court terme

Les jeux de mémoire sont une méthode ludique et efficace pour stimuler la **mémoire à court terme** et la **mémoire de travail**. Ces jeux exigent une concentration soutenue et la capacité à retenir des informations pendant de courtes périodes. Ils sont particulièrement utiles pour entraîner les capacités de mémorisation rapide et peuvent être facilement intégrés à votre routine quotidienne.

Exercice : Le jeu des chiffres cachés

Un exemple classique consiste à regarder une liste de chiffres ou de lettres pendant quelques secondes, puis à la reproduire de mémoire. Vous pouvez commencer par cinq chiffres, puis augmenter progressivement la difficulté en passant à des séquences plus longues. Des études comme celle de Baddeley (2003) ont montré que la mémoire de travail peut être renforcée par ce type d'entraînement, en particulier si les exercices sont pratiqués régulièrement.

> ➤ Essayez de mémoriser les plaques d'immatriculation des voitures que vous voyez au quotidien. Commencez par une plaque, puis augmentez progressivement la difficulté en mémorisant plusieurs plaques à la fois.

2. L'écriture quotidienne : un outil pour la mémoire à long terme

L'écriture stimule plusieurs régions du cerveau et renforce non seulement la **mémoire à court terme**, mais aussi la **mémoire à long terme**. Tenir un journal quotidien ou écrire des résumés d'articles ou de livres est une méthode simple mais puissante pour organiser et mémoriser les informations.

Exercice : Le journal de la mémoire

Prenez cinq à dix minutes chaque jour pour écrire un résumé de ce que vous avez appris ou expérimenté. Cela peut inclure une conversation, un article que vous avez lu, ou une expérience particulière. En écrivant, vous renforcez la structure des souvenirs et améliorez votre capacité à les rappeler plus tard. Selon une étude de Mangen et al. (2015), l'écriture manuscrite active des zones spécifiques du cerveau associées à l'apprentissage et à la rétention des informations, surtout par rapport à la saisie sur un clavier.

> ➤ Essayez d'écrire à la main plutôt qu'au clavier, car cela permet une meilleure consolidation des souvenirs. Vous pouvez aussi ajouter des éléments visuels, comme des schémas ou des dessins, pour ancrer plus efficacement les informations dans votre mémoire.

3. L'utilisation d'applications de stimulation cognitive : entraîner la mémoire avec la technologie

Les applications numériques offrent un large éventail de jeux et d'exercices visant à améliorer divers aspects de la cognition, y compris la mémoire. Ces outils sont souvent adaptés à différents niveaux de difficulté et permettent de suivre vos progrès au fil du temps. Des études montrent que la stimulation cognitive via des jeux interactifs peut améliorer la rétention d'informations et même ralentir le déclin cognitif lié à l'âge (Ball et al., 2002).

Exercice : Les sessions quotidiennes sur une application de mémoire

Choisissez une application de stimulation cognitive, comme **Lumosity**, **Elevate**, ou **Peak**, et consacrez 10 à 15 minutes par jour à des jeux spécifiques à la mémoire. Ces jeux varient de l'association d'images à des séquences numériques à retenir. L'objectif est d'entraîner régulièrement la **mémoire visuelle**, la **mémoire verbale** et la **mémoire de travail**.

> ➤ Fixez-vous un objectif réaliste et atteignable, comme compléter trois jeux par jour. Cela garantit un entraînement quotidien sans créer de surcharge cognitive. L'essentiel est la régularité plutôt que la quantité. Vous pouvez effectuer ces jeux en attendant un transport en commun, en salle d'attente ou même lors de votre pause déjeuner.

4. La méthode des lieux (Loci) revisitée : un palais de mémoire virtuel

La méthode des loci, que nous avons déjà abordée dans les techniques de mémorisation, peut être revisitée de manière ludique. Utiliser des applications de réalité virtuelle pour créer un "palais de mémoire" interactif est une approche innovante pour rendre cette technique plus vivante.

Exercice : Créer un palais de mémoire numérique

Si vous disposez d'un casque de réalité virtuelle, certaines applications comme **Munx VR** permettent de créer des espaces 3D interactifs où vous pouvez organiser visuellement des informations. En créant un palais virtuel, vous associez chaque pièce à un ensemble d'informations que vous devez retenir. Une étude de Legge et al. (2012) a montré que l'utilisation de la méthode des loci avec des outils virtuels pouvait améliorer la capacité de rappel, en particulier pour les jeunes adultes.

> ➤ Si vous n'avez pas accès à des outils de réalité virtuelle, utilisez simplement des images mentales ou dessinez des croquis de votre palais de mémoire. Visualisez un environnement familier et "déposez" les informations à retenir dans cet espace.

5. Les puzzles et jeux de stratégie : stimuler la mémoire par la réflexion

Les **puzzles**, les **mots croisés**, les **sudokus**, ou les **jeux de stratégie** comme les échecs sont connus pour stimuler différentes fonctions cognitives, dont la mémoire. En résolvant des énigmes ou en jouant à des jeux stratégiques, vous devez non seulement vous rappeler des règles, mais aussi anticiper les étapes futures, ce qui sollicite activement la mémoire de travail et la mémoire à long terme.

Exercice : Résoudre un puzzle quotidien

Consacrez chaque jour 10 à 15 minutes à un puzzle ou à un jeu de réflexion. Si vous aimez les mots croisés ou les sudokus, choisissez un niveau de difficulté qui vous pousse à réfléchir tout en restant accessible. Une étude de Willis et al. (2006) a montré que les adultes plus âgés qui participaient régulièrement à des jeux cognitifs présentaient une amélioration notable de leurs fonctions mnésiques.

> ➤ Variez les types de puzzles pour stimuler différentes parties du cerveau. Vous pouvez également jouer à des jeux de société qui nécessitent de la mémoire stratégique, comme les échecs ou le backgammon, pour une stimulation plus complète.

6. L'apprentissage de nouvelles compétences : stimuler la mémoire à travers la nouveauté

Apprendre de nouvelles compétences est l'une des méthodes les plus puissantes pour maintenir et améliorer la mémoire à long terme. Chaque fois que vous acquérez une nouvelle compétence, votre cerveau crée de nouvelles connexions neuronales. Cette stimulation cognitive est cruciale pour la mémoire et la santé cognitive générale, surtout avec l'âge.

Exercice : Apprendre une nouvelle langue ou un instrument de musique

Apprendre une langue étrangère ou un instrument de musique fait appel à plusieurs types de mémoire : la mémoire de travail pour retenir de nouveaux mots ou notes, et la mémoire à long terme pour conserver ces informations sur le long terme.

Des études montrent que ceux qui pratiquent des activités cognitives telles que l'apprentissage d'une langue ou d'un instrument bénéficient d'une meilleure santé cognitive. Par exemple, une recherche de Antoniou et al. (2013) a révélé que le bilinguisme améliore la flexibilité cognitive et renforce la mémoire. De plus, selon une étude de Herholz et Zatorre (2012), l'apprentissage d'un instrument de musique stimule la plasticité cérébrale, tandis qu'une étude de Bialystok et al. (2012) montre que le bilinguisme peut retarder le déclin cognitif lié à l'âge.

> ➤ Si l'apprentissage d'une nouvelle langue ou d'un instrument vous semble trop ambitieux, vous pouvez commencer par des activités plus simples, comme apprendre à cuisiner une nouvelle recette ou découvrir une nouvelle compétence technique. L'essentiel est de

sortir de votre zone de confort et de solliciter votre mémoire avec des tâches nouvelles.

7. La lecture active : améliorer la mémoire de compréhension

Lire activement, c'est plonger pleinement dans l'analyse et la compréhension du texte. Au lieu de simplement parcourir un livre ou un article, engagez-vous à réfléchir aux idées présentées, poser des questions et faire des connexions avec ce que vous savez déjà. Cette approche renforce considérablement la **mémoire de compréhension** et organise l'information de manière plus durable.

Exercice : Pratiquer la lecture active

Chaque fois que vous lisez un livre ou un article, prenez des notes, surlignez les passages importants et essayez de reformuler ce que vous avez appris avec vos propres mots. L' étude de Fiorella et Mayer de 2016 a montré que reformuler les informations et se poser des questions pendant la lecture améliore significativement la rétention à long terme. L'écriture manuscrite est également recommandée, car elle favorise une meilleure mémorisation que la frappe sur un clavier.

> ➢ À la fin de chaque lecture, prenez quelques minutes pour expliquer ce que vous avez appris à quelqu'un ou à vous-même. Cette pratique, connue sous le nom **d'effet**

d'enseignement, renforce la compréhension et la rétention des informations.

8. Les défis mentaux quotidiens : sortir de la routine cognitive

Pour renforcer la mémoire, il est important de **diversifier les types de défis cognitifs** que vous rencontrez au quotidien. Souvent, nous restons coincés dans des routines qui sollicitent les mêmes compétences cognitives. En introduisant de nouveaux défis, vous obligez votre cerveau à s'adapter et à créer de nouvelles connexions, ce qui renforce la mémoire.

Exercice : Sortir de votre zone de confort cognitive

Intégrez des défis mentaux dans votre routine quotidienne. Par exemple, si vous avez l'habitude d'utiliser une calculatrice, faites les calculs mentalement. Ou si vous suivez toujours le même itinéraire pour aller au travail, changez de chemin et mémorisez de nouveaux repères. Une étude de Lustig et al. (2009) a montré que sortir de la routine cognitive stimule les fonctions exécutives et améliore la mémoire à court et long terme.

> ➤ Une autre option est de résoudre des énigmes plus complexes, comme des jeux d'évasion ou des casse-têtes logiques qui exigent de se souvenir de plusieurs étapes. L'important est

de varier les activités mentales pour solliciter différentes parties du cerveau.

9. Les exercices de visualisation : renforcer la mémoire visuelle et spatiale

La visualisation mentale est une technique puissante qui permet de renforcer la **mémoire visuelle** et **spatiale**. Elle consiste à créer des images mentales vivides pour représenter des informations abstraites. La visualisation stimule l'hippocampe et le cortex visuel, deux zones du cerveau essentielles à la mémoire.

Exercice : Créer des scénarios mentaux

Choisissez une information que vous souhaitez mémoriser (comme une liste de tâches ou des concepts à apprendre) et associez chaque élément à une image mentale. Plus l'image est vivante, exagérée ou humoristique, plus elle sera facile à retenir. La visualisation améliore la mémoire spatiale et la capacité à se souvenir d'informations complexes (Logie et al., 1997).

> ➤ Intégrez des techniques de visualisation dans des activités courantes, comme la planification de votre journée. Visualisez mentalement les étapes de chaque tâche avant de les commencer. Cela renforce la mémoire prospective, c'est-à-dire la capacité à se

souvenir de faire quelque chose à un moment donné.

10. Les activités sociales : la mémoire renforcée par l'interaction

L'interaction sociale est souvent sous-estimée, mais elle joue un rôle clé dans la stimulation cognitive et la mémoire. Participer à des discussions, des débats ou des jeux de groupe sollicite différentes formes de mémoire, notamment la mémoire de travail et la mémoire verbale.

Exercice : Participer à des discussions stimulantes

Rejoignez un groupe de discussion ou un club de lecture où vous pouvez échanger des idées sur un sujet précis. La stimulation cognitive liée à l'interaction sociale a été associée à une meilleure rétention des informations et à une protection contre le déclin cognitif. Une étude de Bassuk et al. (1999) a révélé que les personnes engagées dans des activités sociales régulières avaient un déclin cognitif plus lent que celles qui étaient socialement isolées.

> ➢ Pendant les discussions, concentrez-vous sur l'écoute active et reformulez les points principaux pour renforcer votre capacité à vous en souvenir. L'idée est de rendre l'interaction sociale à la fois un exercice mental et un plaisir.

Conclusion du Chapitre 4

Les exercices abordés dans ce chapitre constituent une **extension naturelle du plan de 21 jours**, permettant de diversifier et d'intensifier l'entraînement de votre mémoire. En intégrant ces pratiques dans votre routine quotidienne, vous ne vous contentez pas seulement de renforcer votre mémoire à court terme, mais vous travaillez également sur des aspects essentiels comme la mémoire visuelle, spatiale et à long terme. L'important est de maintenir une régularité et de varier les types de stimulation cognitive pour maximiser les bénéfices à long terme. Que ce soit par l'apprentissage de nouvelles compétences, les jeux cognitifs, ou l'interaction sociale, chaque exercice contribue à garder votre cerveau en forme, prêt à relever les défis de la vie quotidienne.

Chapitre 5 : Mesurer et comprendre ses Progrès

"Ce qui se mesure s'améliore."

Peter Drucker

Adopter des habitudes pour améliorer sa mémoire est une première étape essentielle, mais sans suivi et sans mesure des résultats, il est difficile de savoir si ces efforts portent réellement leurs fruits. Dans ce chapitre, nous allons explorer l'importance de **mesurer ses progrès** dans le cadre des exercices de mémoire, et comment cette évaluation régulière peut vous aider à ajuster et optimiser votre parcours.

1. Pourquoi mesurer ses progrès est essentiel ?

Suivre ses progrès est une source puissante de **motivation**. Lorsque vous êtes en mesure de voir les résultats tangibles de vos efforts, vous êtes beaucoup plus susceptible de maintenir ces nouvelles habitudes à long terme. De plus, la mesure régulière vous permet d'évaluer ce qui fonctionne bien, ce qui doit être ajusté et les domaines où vous pouvez encore vous améliorer.

L'amélioration de la mémoire, comme n'importe quel autre objectif, nécessite un **retour d'information** pour rester sur la bonne voie. Imaginez que vous commenciez à pratiquer un sport sans jamais évaluer vos performances : il serait presque impossible de savoir si vous progressez. C'est la même chose pour la mémoire. Il ne s'agit pas seulement de suivre de bonnes pratiques, mais aussi de **mesurer leur impact sur vos capacités cognitives.**

Motivation et sentiment de progrès

Mesurer ses progrès permet de créer un sentiment d'accomplissement. À chaque étape franchie, vous pouvez constater que votre mémoire s'améliore, même si c'est par de petits changements. Ces petites victoires sont capitales pour nourrir la motivation à long terme. Une étude réalisée par Amabile et Kramer (2011) sur le **principe du progrès** montre que les personnes qui peuvent observer des résultats, même modestes, dans leur travail ou leurs habitudes sont beaucoup plus enclines à continuer dans la durée.

Identifier ce qui fonctionne (et ce qui ne fonctionne pas)

Sans suivi attentif, il est facile de se méprendre sur ce qui aide réellement. Vous pourriez croire qu'une habitude comme l'écriture quotidienne est très bénéfique, mais si les résultats ne le montrent pas clairement, il est utile de réévaluer la méthode. À l'inverse, vous pourriez découvrir qu'un simple ajustement dans votre routine de sommeil a un impact plus important que prévu.

Suivre vos progrès vous permet de **tester différentes stratégies**, d'adapter ce qui fonctionne pour vous, et d'éliminer ce qui ne semble pas efficace. Cela crée un cycle d'amélioration continue basé sur des résultats concrets.

2. Outils et méthodes pour mesurer ses progrès

Il existe aujourd'hui de nombreux outils pour suivre vos progrès et observer l'impact des nouvelles habitudes sur votre mémoire. Certains de ces outils sont numériques, tandis que d'autres sont plus traditionnels, comme les journaux de bord. Voici un aperçu des options que vous pouvez utiliser pour évaluer l'amélioration de votre mémoire et ajuster votre parcours.

A. Le journal de bord : un outil simple mais efficace

L'un des moyens les plus simples pour suivre vos progrès est de tenir un **journal de bord**. Cela consiste à noter chaque jour vos observations sur votre mémoire, les exercices effectués, et les changements que vous avez remarqués. Le journal peut également inclure des auto-évaluations périodiques, où vous notez sur une échelle de 1 à 10 à quel point vous vous sentez performant au niveau de la mémoire.

Exemple de journal de bord :

- **Date** : 1er janvier

- **Exercice effectué** : Méditation de pleine conscience, 10 minutes

- **Observations** : Aujourd'hui, j'ai eu du mal à me concentrer pendant la méditation, mais après coup, j'ai remarqué que j'étais plus attentif dans mes tâches quotidiennes.

- **Note sur la mémoire** : 7/10 – J'ai mieux retenu les noms des personnes rencontrées dans la journée.

- **Réflexion** : Continuer à pratiquer la méditation chaque matin pour améliorer la concentration.

En gardant ce type de journal, vous pouvez suivre les fluctuations de votre mémoire au fil du temps, et observer les effets des différentes pratiques. Cela vous permet également de repérer des tendances : par exemple, si vous remarquez que votre mémoire est meilleure les jours où vous avez bien dormi, vous comprendrez l'importance de cette habitude.

B. Les applications numériques pour la mémoire

Pour une approche plus technologique, il existe plusieurs **applications spécialisées** dans la stimulation cognitive et le suivi des performances mnésiques.

Des outils comme **Lumosity**, **CogniFit**, ou **Peak** proposent des exercices quotidiens conçus pour améliorer la mémoire, avec un suivi détaillé des résultats.

Ces applications vous permettent de voir vos performances s'améliorer au fil du temps grâce à des graphiques et des tableaux de bord. Par exemple, elles peuvent mesurer votre mémoire visuelle, la mémoire de travail, et d'autres fonctions cognitives. L'utilisation régulière de ces applications entraîne des améliorations significatives des performances cognitives, y compris la mémoire de travail et la vitesse de traitement, surtout chez les adultes plus âgés. (Hardy et al., 2015)

Suggestion personnelle : Essayez ces applications pendant 10 à 15 minutes par jour. Une fois par semaine, consultez vos résultats pour voir où est-ce que vous progressez le plus. Si une application semble trop axée sur un aspect de la mémoire, n'hésitez pas à en essayer plusieurs pour trouver celle qui répond le mieux à vos besoins.

C. Les tests cognitifs réguliers

Les **tests cognitifs standardisés** sont un excellent moyen de suivre vos progrès de manière plus formelle. Ils mesurent divers aspects de la mémoire, comme la mémoire de travail, la mémoire verbale et la mémoire visuelle. Réalisez ces tests à des intervalles réguliers (toutes les 2 à 4 semaines) pour observer vos évolutions.

Des plateformes comme **CogniFit** ou **BrainHQ** proposent des tests cognitifs qui génèrent des scores précis pour chaque type de mémoire. Ces scores vous donnent une idée plus quantitative de vos progrès, vous permettant de comparer vos performances à travers le temps.

Exemple d'utilisation :

- **Test de mémoire verbale** : Retenir une série de mots puis les rappeler après quelques minutes.

- **Test de mémoire visuelle** : Observer une série d'images, puis les identifier parmi d'autres images similaires.

- **Test de mémoire de travail** : Résoudre des problèmes impliquant plusieurs étapes tout en gardant en mémoire des informations à court terme.

Avantages : Les tests cognitifs fournissent des données objectives et mesurables, ce qui permet d'évaluer vos progrès de manière claire et structurée.

Suggestion personnelle : Complétez ces tests chaque mois pour un suivi régulier. Cela vous permet de prendre du recul et d'avoir une vue d'ensemble sur l'amélioration de votre mémoire. À la fin de chaque test, notez les domaines qui s'améliorent et ceux qui nécessitent plus d'attention.

D. L'auto-évaluation et les questionnaires de perception

En plus des outils objectifs, il est important de faire appel à votre propre perception pour mesurer vos progrès. **L'auto-évaluation** est un processus dans lequel vous évaluez vous-même votre mémoire, vos capacités cognitives, et votre ressenti au quotidien. Le **questionnaire de perception** est un outil qui vous permet de structurer cette évaluation.

Exercice : Créer un questionnaire personnel

Élaborez un questionnaire que vous compléterez chaque semaine pour évaluer différents aspects de votre mémoire. Voici quelques exemples de questions que vous pourriez inclure :

- Comment évaluez-vous votre capacité à vous rappeler des noms ou des visages cette semaine ?

- Avez-vous constaté une amélioration dans votre capacité à mémoriser des informations à court terme (comme des listes de courses) ?

- Vous sentez-vous plus concentré et moins distrait lors de tâches cognitives ?

Suggestion personnelle : Utilisez une échelle de 1 à 10 pour répondre à ces questions. En plus de fournir une évaluation subjective, cet outil vous permet de repérer des tendances émotionnelles ou psychologiques liées à votre mémoire. Par exemple, si vous vous sentez plus confiant dans vos capacités à vous souvenir d'informations, cela peut vous encourager à continuer à pratiquer les exercices.

Exemple de Tableau de Suivi des Progrès

Vous pouvez utiliser ce type de tableau pour noter vos exercices de mémoire, vos observations et évaluer votre performance au fil du temps. Cela vous aidera à visualiser vos progrès et à ajuster vos habitudes en conséquence.

Date	Exercice effectué	Observations	Note sur la mémoire (1-10)	Réflexion

3. Comment ajuster ses habitudes en fonction des résultats ?

Maintenant que vous avez mis en place un système de mesure pour suivre vos progrès, l'étape suivante est d'apprendre à **ajuster vos habitudes** en fonction des résultats obtenus. Il ne s'agit pas seulement de suivre mécaniquement les exercices et les habitudes, mais de les adapter pour maximiser leur impact.

A. Identifier ce qui fonctionne (et ce qui ne fonctionne pas)

Après quelques semaines de pratique et de mesure de vos progrès, vous commencerez à repérer des tendances claires. Par exemple, vous remarquerez peut-être que vos capacités de mémorisation à court terme s'améliorent rapidement avec certains exercices, tandis que d'autres aspects (comme la mémoire visuelle) semblent stagner.

Lorsque vous identifiez ce qui fonctionne bien, **amplifiez ces pratiques**. Si vous constatez que l'exercice de méditation améliore votre concentration et votre mémoire de travail, essayez d'augmenter progressivement la durée de vos séances. En revanche, si certaines habitudes ne portent pas leurs fruits, modifiez-les ou remplacez-les par des pratiques plus efficaces.

B. Ajuster la difficulté et la variété des exercices

Pour que vos exercices de mémoire restent efficaces sur le long terme, il est important de maintenir une **progression** dans la difficulté et la diversité. Si vous continuez à faire les mêmes exercices au même niveau de difficulté, votre cerveau s'y habituera et l'effet stimulant diminuera.

- **Exercice d'ajustement** : Chaque semaine, ajoutez un petit défi supplémentaire à vos exercices actuels. Par exemple, si vous vous entraînez avec des jeux de mémoire (comme retenir une série de chiffres), augmentez la longueur des séquences à mémoriser. Si vous travaillez avec des puzzles ou des énigmes, choisissez des niveaux de difficulté plus élevés au fil du temps.

Avantage : L'ajustement progressif des exercices aide à éviter la stagnation et de garantir que votre mémoire reste sollicitée de manière optimale. Des études montrent que la **variété des stimulations cognitives** est essentielle pour maintenir l'amélioration à long terme (Ball et al., 2002 ; Lustig et al., 2009).

C. Intégrer des pauses et du repos

Même dans un processus de développement cognitif, il est important de reconnaître l'importance des **pauses**. Lorsque vous remarquez que certains exercices deviennent trop exigeants ou que vous perdez de la motivation, prenez le temps de faire des pauses stratégiques.

Des recherches montrent que des périodes de repos, notamment de sommeil, favorisent la consolidation des souvenirs (Rasch & Born, 2013 ; Stickgold, 2005). Si vous remarquez une dégradation temporaire de votre mémoire, réduisez la charge cognitive pendant quelques jours et observez comment cela influence votre mémoire.

D. Utiliser la rétroaction pour ajuster vos attentes

Les résultats obtenus à travers les outils de mesure peuvent vous aider à **ajuster vos attentes** de manière réaliste. L'amélioration cognitive peut parfois prendre plus de temps que prévu, et il est important de comprendre que chaque personne progresse à son propre rythme.

Si vos progrès sont plus lents que prévu, cela ne signifie pas que vous n'avancez pas. Cela peut simplement signifier que certains aspects de votre méthode doivent être ajustés. Utilisez vos **résultats** comme des indicateurs pour adapter vos attentes et restez flexible dans votre approche.

Conclusion du Chapitre 5

Mesurer et comprendre ses progrès est essentiel dans le parcours d'amélioration de la mémoire. Cela permet non seulement de constater des résultats tangibles mais aussi de maintenir la motivation sur le long terme. En utilisant des outils comme le journal de bord, les applications numériques, les tests cognitifs et l'auto-évaluation, vous obtenez une vision claire de vos avancées. L'important est de rester attentif à ces indicateurs et de **faire des ajustements réguliers** pour maximiser l'impact de vos efforts.

La mémoire, comme n'importe quelle autre capacité, peut être renforcée avec de la pratique et de la persévérance. En suivant ce processus de mesure et d'ajustement, vous optimisez vos chances de réussir et de constater une amélioration durable de votre bien-être cognitif.

Chapitre 6 : Défis et Solutions Courantes

"Le plus grand des défis est de se dépasser soi-même."

Eleanor Roosevelt

Améliorer sa mémoire est un parcours exigeant qui demande de la persévérance. Il est normal de rencontrer des obstacles en cours de route. L'objectif de ce chapitre est de vous aider à identifier les défis les plus courants et à proposer des solutions pratiques pour les surmonter. Gardez en tête que chaque défi est une opportunité de progresser et d'ajuster vos méthodes pour obtenir de meilleurs résultats.

1. Progrès lents et découragement

L'un des défis les plus fréquents dans toute tentative de développement personnel est le **découragement face à des progrès lents**. Vous pourriez pratiquer régulièrement des exercices de mémoire sans voir immédiatement les résultats que vous espériez. Cette situation peut être frustrante, surtout si vos attentes sont élevées.

Exemple concret :

À 45 ans, Sarah, mère de deux adolescents et directrice d'une petite agence de communication, se sentait débordée par ses responsabilités. En quête de concentration et d'une meilleure mémoire, elle décida de pratiquer la méditation.

Au début, chaque séance de 10 minutes était un défi, envahie par des pensées distrayantes. Après deux semaines sans résultats tangibles, le découragement s'installa. *"Peut-être que ce n'est pas fait pour moi,"* se disait-elle. Pourtant, elle choisit de persévérer, se rappelant que la patience est essentielle pour apprendre.

Deux mois plus tard, Sarah commença à ressentir des changements. Elle pouvait se concentrer lors de réunions sans se laisser distraire, et se rappeler facilement des noms et des détails. Un soir, en cuisinant, elle eut une idée créative pour un projet, réalisant que la méditation avait amélioré sa clarté d'esprit.

En élargissant sa pratique à des promenades conscientes et à des podcasts sur la méditation, elle comprit que chaque minute investie avait porté ses fruits. Sarah se sentait plus équilibrée et capable de faire face aux défis quotidiens, renforçant sa conviction que la persévérance et la patience mènent à des résultats durables.

Solution : se concentrer sur les petites victoires

Il est important de se rappeler que la mémoire, comme n'importe quelle autre capacité, s'améliore progressivement. Plutôt que de vous focaliser uniquement sur les résultats à long terme, célébrez les **petites victoires**. Cela peut être aussi simple que de mieux vous souvenir de nouveaux noms ou de terminer un puzzle plus rapidement qu'avant. En prenant conscience de ces progrès quotidiens, vous renforcerez votre motivation à long terme.

Des études, comme celle d'Amabile et Kramer (2011), montrent que reconnaître même les **progrès modestes** dans un processus d'apprentissage aide à maintenir la motivation et l'engagement. Utilisez un **journal de bord** pour noter chaque petit succès et relisez ces notes lorsque vous ressentez du découragement.

Suggestion personnelle :

Fixez-vous des **objectifs réalistes** et fractionnez vos attentes. Par exemple, plutôt que d'attendre de grandes améliorations après une semaine, essayez de noter des améliorations spécifiques, comme mieux vous souvenir des événements de la journée ou être plus concentré pendant une conversation.

2. Fatigue mentale et surcharge cognitive

La **fatigue mentale** est un autre défi majeur. Si vous surmenez votre cerveau sans lui offrir suffisamment de pauses, vous risquez de ressentir une surcharge cognitive, ce qui peut nuire à vos performances et même à votre motivation. Cela peut se produire si vous faites trop d'exercices cognitifs trop rapidement ou si vous ne variez pas suffisamment les activités mentales.

Exemple concret :

Alex, un jeune cadre dynamique de 30 ans, était déterminé à améliorer sa mémoire pour exceller dans son travail. Conscient de l'importance de la cognition dans son domaine, il s'engagea à pratiquer quotidiennement des jeux cognitifs, convaincu que cela lui donnerait un avantage. Au début, il était enthousiaste, jonglant avec des puzzles, des jeux de mémoire et des exercices de logique.

Cependant, après quelques semaines, il commença à ressentir une fatigue mentale persistante. Ses performances aux jeux, qui étaient initialement en hausse, commencèrent à décliner. Chaque session devenait de plus en plus difficile, et il réalisait qu'il n'avait pas prévu suffisamment de temps pour récupérer.

En prenant du recul, Alex comprit que ses séances étaient trop intenses et qu'il avait négligé l'importance des pauses. Il décida de revoir son approche en intégrant des moments de repos dans sa routine. Après quelques ajustements, il commença à se sentir plus frais et plus concentré, redécouvrant le plaisir des jeux cognitifs sans la pression de la performance.

Solution : équilibrer les périodes de stimulation et de repos

Pour éviter la fatigue mentale, il est crucial de **moduler l'intensité des exercices** et d'intégrer des **pauses régulières**. Des recherches sur la plasticité cérébrale montrent que les périodes de repos, notamment le sommeil, sont essentielles pour consolider les informations et permettre à votre cerveau de se recharger (Tononi & Cirelli, 2006 ; Walker & Stickgold, 2004).

En pratique, cela signifie que vous devez alterner entre des activités cognitives stimulantes (comme les puzzles ou les jeux de mémoire) et des périodes de repos actif, comme des promenades ou la méditation. Vous pouvez également planifier des **journées de repos mental** pour réduire la charge cognitive.

Suggestion personnelle :

Utilisez la méthode **Pomodoro** (Cirillo, 2006) pour organiser vos séances d'entraînement mental : 25

minutes de concentration intense, suivies de 5 minutes de pause. Cela aide à maintenir l'engagement sans provoquer de surcharge mentale. Pendant les pauses, faites des activités relaxantes ou physiques pour équilibrer l'activité cérébrale.

3. Difficulté à intégrer des habitudes régulières

L'adoption de nouvelles habitudes peut parfois sembler difficile, surtout lorsqu'il s'agit de maintenir une **régularité** dans les pratiques cognitives. Beaucoup de personnes rencontrent des difficultés à intégrer des exercices de mémoire dans leur quotidien, que ce soit par manque de temps ou par oubli.

Exemple concret :

Marie, une étudiante de 22 ans en psychologie, avait pour objectif d'améliorer sa rétention d'informations afin de mieux réussir ses examens. Après avoir entendu parler des bienfaits de la répétition espacée, elle décida d'intégrer cette méthode à sa routine d'étude. Pleine d'enthousiasme à l'idée de renforcer sa mémoire, elle planifia des sessions d'exercices tout au long de sa semaine.

Malheureusement, jonglant entre des cours exigeants et un travail à temps partiel, Marie se heurta rapidement à des difficultés d'organisation. Les jours s'écoulaient, et elle se rendit compte qu'il lui était souvent impossible de dégager du temps pour ses exercices. Les contraintes de sa vie quotidienne prenaient le pas, et elle se retrouva à négliger sa pratique de la mémoire pendant plusieurs jours. Le sentiment de culpabilité commença à l'envahir, mais chaque fois qu'elle tentait de rétablir sa routine, les obligations s'accumulaient.

Frustrée par cette situation, Marie commença à douter de sa capacité à intégrer la répétition espacée dans sa vie. Elle savait pourtant qu'il lui fallait réévaluer son emploi du temps pour accorder la priorité à ses exercices de mémoire, même si cela impliquait de réorganiser ses autres engagements.

Solution : créer des rappels et des déclencheurs d'habitude

La recherche sur les habitudes, notamment celle de James Clear (2018) dans son livre *Atomic Habits*, montre que les habitudes sont plus faciles à adopter lorsque vous les associez à des déclencheurs existants dans votre routine quotidienne. Par exemple, vous pouvez décider de pratiquer vos exercices de mémoire après avoir pris votre petit-déjeuner ou pendant une pause déjeuner.

Une autre stratégie consiste à utiliser des **rappels numériques**, comme des notifications sur votre téléphone, pour vous rappeler de vos sessions quotidiennes. Des applications comme **Habitica** ou **Streaks** permettent de créer des habitudes en les associant à des récompenses, ce qui rend le processus plus motivant.

Suggestion personnelle :

Intégrez les exercices à des moments spécifiques de votre journée où vous êtes déjà actif mentalement, comme après avoir lu un article ou écouté un podcast. L'idée est de faire de l'entraînement mental une partie intégrante de votre routine plutôt qu'une tâche supplémentaire.

4. Perte de motivation à long terme

Maintenir la motivation à long terme est l'un des plus grands défis. Au début, l'excitation de découvrir de nouvelles techniques est souvent suffisante pour rester engagé. Mais après plusieurs semaines ou mois, il peut devenir plus difficile de garder cette énergie initiale.

Exemple concret :

David, retraité de 65 ans, a toujours aimé apprendre et s'est tourné vers des jeux de mémoire numériques pour stimuler ses capacités cognitives. Enthousiasmé par l'idée de garder son esprit vif, il s'inscrivit sur une application spécialisée et commença à jouer quotidiennement. Au début, chaque session était un plaisir, et il se réjouissait de battre ses records et de mesurer ses progrès.

Mais après trois mois, l'excitation commença à diminuer. Les jeux, autrefois captivants, devenaient monotones et répétitifs. Cette routine lassa David et diminua sa motivation, entraînant un abandon progressif des exercices.

Conscient qu'il devait retrouver le plaisir d'apprendre, il chercha d'autres activités pour stimuler son esprit, comme la lecture, les mots croisés, et des cours d'art, espérant raviver son intérêt pour le développement personnel.

Solution : diversifier les pratiques et ajuster les objectifs

Pour éviter l'ennui et la perte de motivation, il est essentiel de diversifier les pratiques. Plutôt que de répéter les mêmes jeux ou exercices tous les jours, essayez de nouvelles méthodes. Cela peut inclure l'apprentissage d'une langue, des activités sociales stimulantes comme les jeux de société, ou des défis mentaux plus complexes comme des puzzles.

Ajustez régulièrement vos **objectifs**. Si vous trouvez que vos objectifs sont trop faciles ou ne vous motivent plus, fixez de nouveaux défis qui vous poussent à aller plus loin. Cela pourrait inclure la mémorisation d'un nouveau type d'information, l'augmentation de la durée des exercices ou l'adoption de techniques plus avancées.

Suggestion personnelle :

Rejoignez un **groupe de mémoire** ou un club d'apprentissage, que ce soit en ligne ou dans votre communauté. Participer à des activités en groupe rend les pratiques plus engageantes et vous offre une source de motivation externe pour rester impliqué.

Conclusion du Chapitre 6

Les défis rencontrés lors de l'amélioration de la mémoire sont inévitables, mais ils peuvent être surmontés avec les bonnes stratégies et un état d'esprit flexible. En vous concentrant sur les petites victoires, en modulant vos pratiques pour éviter la fatigue mentale, et en ajustant vos méthodes pour maintenir la motivation, vous pouvez transformer ces obstacles en opportunités d'apprentissage. La clé est de rester **flexible** et de voir chaque défi comme une étape naturelle du processus d'amélioration cognitive. Avec le temps, ces solutions deviendront des outils puissants pour renforcer votre mémoire et atteindre vos objectifs de manière durable.

Conclusion Générale : Un Nouveau Départ pour votre Mémoire

"Il est toujours temps de devenir la personne que vous auriez pu être."

George Eliot

Vous venez de parcourir un chemin rempli de découvertes et d'apprentissages. En adoptant des habitudes puissantes, en pratiquant des exercices concrets et en appliquant des méthodes fondées sur des recherches solides, vous avez déjà commencé à transformer votre mémoire. Mais ce voyage est loin d'être terminé — en réalité, il ne fait que commencer.

L'amélioration de la mémoire est un projet à long terme, une aventure passionnante qui peut se poursuivre tout au long de votre vie. Ce livre vous a fourni les outils essentiels pour démarrer, mais la suite dépend de vous. C'est votre engagement, votre persévérance, et votre capacité à intégrer ces techniques dans votre quotidien qui détermineront les résultats sur le long terme.

Continuez à progresser, pas à pas

Chaque jour que vous passez à pratiquer une nouvelle technique ou un exercice est un pas de plus vers une mémoire plus forte et plus performante. Même les plus petites améliorations comptent. Ne vous découragez pas si les résultats ne sont pas immédiats. Le cerveau est comme un muscle, et chaque effort que vous faites contribue à renforcer vos capacités cognitives.

Si vous avez déjà constaté des progrès, aussi minimes soient-ils, prenez le temps de vous en féliciter. Ces **petites victoires** montrent que vous êtes sur la bonne voie. Souvenez-vous que l'amélioration de la mémoire se fait étape par étape, et chaque nouvelle habitude que vous adoptez renforce les fondations d'une mémoire plus solide et plus résiliente.

Les bénéfices concrets : une mémoire renforcée pour une vie plus riche

L'amélioration de votre mémoire ne se limite pas seulement à mieux retenir des informations. Vous constaterez rapidement que ces pratiques ont des **répercussions positives** sur de nombreux aspects de votre vie quotidienne. Une mémoire plus forte signifie une plus grande **concentration**, une meilleure **capacité à gérer le stress**, et une **confiance accrue** dans vos compétences cognitives.

Sur le plan professionnel, vous retiendrez plus facilement les informations essentielles, organiserez mieux vos tâches et gérerez des situations complexes avec plus de clarté. Dans vos relations personnelles, vous vous souviendrez des détails qui comptent, ce qui enrichira vos interactions sociales. Et pour vos apprentissages, qu'il s'agisse de nouvelles compétences ou de connaissances, vous progresserez plus rapidement.

Un parcours unique : votre retour est précieux

Ce qui rend cette aventure encore plus fascinante, c'est que chacun suit un chemin unique. Certaines techniques que vous avez apprises ici auront peut-être eu un effet immédiat, tandis que d'autres nécessiteront plus de temps pour produire des résultats. Mais l'expérience que vous en tirez est tout aussi importante que les résultats eux-mêmes.

C'est pourquoi **votre avis est crucial**. Vous avez vécu un parcours personnel, et vos impressions peuvent inspirer d'autres lecteurs et enrichir cette démarche. Je vous encourage à partager ce qui a fonctionné pour vous, mais aussi les défis que vous avez rencontrés en cours de route. Voici quelques questions pour vous guider :

- Quelles techniques ont eu le plus d'impact sur votre mémoire ?

- Avez-vous découvert des pratiques qui ne vous convenaient pas ? Comment les avez-vous adaptées ?

- Comment vos progrès ont-ils influencé votre vie quotidienne, que ce soit au travail, dans vos études ou dans vos relations personnelles ?

En partageant vos expériences, vous contribuez à un échange d'idées qui peut non seulement aider d'autres personnes à améliorer leur mémoire, mais aussi renforcer vos propres apprentissages. Chaque réflexion partagée est une opportunité d'ancrer davantage ce que vous avez appris. Vous pouvez partager vos retours via un commentaire Amazon ou à l'adresse email : sylvie.belmont@yahoo.com.

L'avenir est prometteur : ne vous arrêtez pas ici

Ce que vous avez commencé ici peut continuer à vous accompagner pendant de nombreuses années. Améliorer sa mémoire, tout comme le développement personnel, est un processus continu. Explorez de nouvelles techniques, adaptez-vous et personnalisez votre approche en fonction de vos besoins et de ce que vous découvrez en chemin. Le monde de la mémoire est vaste, et il y a toujours quelque chose à approfondir ou à perfectionner.

Gardez à l'esprit que **l'avenir de votre mémoire est entre vos mains**. Chaque jour où vous choisissez de pratiquer, vous investissez dans votre bien-être cognitif, dans votre capacité à affronter les défis de la vie, et dans la confiance que vous placez en vos compétences mentales. Votre cerveau est une formidable machine, et vous avez le pouvoir de l'entraîner, de le renforcer, et de l'optimiser pour vivre une vie plus riche et plus épanouie.

Alors, prenez un moment pour réfléchir à tout ce que vous avez accompli. Continuez sur ce chemin avec enthousiasme, et surtout, prenez plaisir à explorer tout ce que votre esprit est capable de faire !

Bibliographie

Abbott, R. D., White, L. R., Ross, G. W., Masaki, K. H., Curb, J. D., Petrovitch, H. (2004). Walking and dementia in physically capable elderly men. *Journal of the American Medical Association, 292*(12), 1447-1453. https://doi.org/10.1001/jama.292.12.1447

Afaghi, A., O'Connor, H. T., & Chow, C. M. (2007). High glycemic index carbohydrate meals shorten sleep onset. *Nutrition Research, 85*(2), 426-430. https://doi.org/10.1093/ajcn/85.2.426

Amabile, T. M., & Kramer, S. J. (2011). *The Progress Principle: Using Small Wins to Ignite Joy, Engagement, and Creativity at Work*. Harvard Business Review Press.

Antoniou, M., Gunasekera, G. M., & Wong, P. C. M. (2013). Foreign language training as cognitive therapy for age-related cognitive decline: A hypothesis for future research. *Neuroscience & Biobehavioral Reviews, 37*(10), 2689-2698. https://doi.org/10.1016/j.neubiorev.2013.09.004

Baddeley, A. (2003). Working memory: Looking back and looking forward. *Nature Reviews Neuroscience, 4*(10), 829-839. https://doi.org/10.1038/nrn1201

Ball, K., Berch, D. B., Helmers, K. F., et al. (2002). Effects of cognitive training interventions with older adults: A randomized controlled trial. *JAMA, 288*(18), 2271-2281. https://doi.org/10.1001/jama.288.18.2271

Bamidis, P. D., Vivas, A. B., Styliadis, C., et al. (2014). A review of physical and cognitive interventions in aging. *Neuroscience & Biobehavioral Reviews, 44*, 206-220. https://doi.org/10.1016/j.neubiorev.2014.03.019

Bassuk, S. S., Glass, T. A., & Berkman, L. F. (1999). Social disengagement and incident cognitive decline in community-dwelling elderly persons. *Annals of Internal Medicine, 131*(3), 165-173. https://doi.org/10.7326/0003-4819-131-3-199908030-00002

Bialystok, E., Craik, F. I. M., & Luk, G. (2012). Bilingualism: Consequences for mind and brain. *Trends in Cognitive Sciences, 16*(4), 240-250. https://doi.org/10.1016/j.tics.2012.03.001

Black, D. S., O'Reilly, G. A., Olmstead, R., Breen, E. C., & Irwin, M. R. (2015). Mindfulness meditation and improvement in sleep quality and daytime impairment among older adults with sleep disturbances: A randomized clinical trial. *JAMA Internal Medicine, 175*(4), 494-501. https://doi.org/10.1001/jamainternmed.2014.8081

Bliss, T. V. P., & Collingridge, G. L. (1993). A synaptic model of memory: Long-term potentiation in the hippocampus. *Nature, 361*(6407), 31-39. https://doi.org/10.1038/361031a0

Bower, G. H. (1970). Analysis of a mnemonic device: Modern psychology uncovers the powerful components of an ancient system for improving memory. *American Scientist, 58*(5), 496–510. JSTOR. https://www.jstor.org/stable/27829239

Cairney, S. A., Durrant, S. J., Hulleman, J., & Lewis, P. A. (2014). Targeted memory reactivation during slow wave sleep facilitates emotional memory consolidation. *Sleep, 37*(4), 701-707, 707A. https://doi.org/10.5665/sleep.3572

Cassilhas, R. C., Viana, V. A., Grassmann, V., et al. (2007). The impact of resistance exercise on the cognitive function of the elderly. *Medicine & Science in Sports & Exercise, 39*(8), 1401-1407. https://doi.org/10.1249/mss.0b013e318060111f

Cepeda, N. J., Pashler, H., Vul, E., Wixted, J. T., & Rohrer, D. (2006). Distributed practice in verbal recall tasks: A review and quantitative synthesis. *Psychological Bulletin, 132*(3), 354-380. https://doi.org/10.1037/0033-2909.132.3.354

Chang, A.-M., Aeschbach, D., Duffy, J. F., & Czeisler, C. A. (2015). Evening use of light-emitting eReaders negatively affects sleep, circadian timing, and next-morning alertness. *Proceedings of the National Academy of Sciences, 112*(4), 1232-1237. https://doi.org/10.1073/pnas.1418490112

Chi, M. T., de Leeuw, N., Chiu, M. H., & LaVancher, C. (1994). Eliciting self-explanations improves understanding. *Cognitive Science, 18*(3), 439-477. https://doi.org/10.1207/s15516709cog1803_3

Chung, N., Sun, Y. B., Cistulli, P. A., & Chow, C. M. (2020). Does the proximity of meals to bedtime influence the sleep of young adults? A cross-sectional survey of university students. *International Journal of Environmental Research and Public Health, 17*(8), 2677. https://doi.org/10.3390/ijerph17082677

Cirillo, F. (2006). *The Pomodoro Technique*. [Auto-édition]. [*La technique Pomodoro*]

Clear, J. (2018). *Atomic Habits: An Easy & Proven Way to Build Good Habits & Break Bad Ones*. Avery. [*Un rien peut tout changer : De minuscules changements vont transformer votre vie*].

Czeisler, C. A., Buxton, O. M., & Khalsa, S. B. S. (1999). The human circadian timing system and sleep–wake regulation. In Turek, F. W., & Zee, P. C. (Eds.), *Regulation of Sleep and Circadian Rhythms* (pp. 531-579). Marcel Dekker.

D'Antoni, A. V., Zipp, G. P., & Olson, V. G. (2009). Interrater reliability of the mind map assessment rubric in a cohort of medical students. *BMC Medical Education, 9*, 19. https://doi.org/10.1186/1472-6920-9-19

Diekelmann, S., & Born, J. (2010). The memory function of sleep. *Nature Reviews Neuroscience, 11*(2), 114-126. https://doi.org/10.1038/nrn2762

Draganski, B., Gaser, C., Busch, V., Schuierer, G., Bogdahn, U., & May, A. (2004). Changes in grey matter induced by training. *Nature, 427*, 311-312. https://doi.org/10.1038/427311a

Drake, C., Roehrs, T., Shambroom, J., & Roth, T. (2013). Caffeine effects on sleep taken 0, 3, or 6 hours before going to bed. *Journal of Clinical Sleep Medicine*, 9(11), 1195-1200. https://doi.org/10.5664/jcsm.3170

Dresler, M., Shirer, W. R., Konrad, B. N., Fernández, G., Czisch, M., & Greicius, M. D. (2017). Mnemonic training reshapes brain networks to support superior memory.

Neuron, 93(5), 1227–1235. https://doi.org/10.1016/j.neuron.2017.02.003

Ebbinghaus, H. (1885). *Über das Gedächtnis: Untersuchungen zur experimentellen Psychologie.* Duncker & Humblot. [*La mémoire : Une contribution à la psychologie expérimentale*]

Erickson, K. I., Voss, M. W., Prakash, R. S., et al. (2011). Exercise training increases the size of the hippocampus and improves memory. *Proceedings of the National Academy of Sciences, 108*(7), 3017-3022. https://doi.org/10.1073/pnas.1015950108

Fabre, C., Chamari, K., Mucci, P., Massé-Biron, J., & Préfaut, C. (2002). Improvement of cognitive function by mental and/or individualized aerobic training in healthy elderly subjects. *International Journal of Sports Medicine, 23*(6), 415-421. https://doi.org/10.1055/s-2002-33735

Farrand, P., Hussain, F., & Hennessy, E. (2002). The efficacy of the 'mind map' study technique. *Medical Education, 36*(5), 426-431. https://doi.org/10.1046/j.1365-2923.2002.01205.x

Fiorella, L., & Mayer, R. E. (2016). Eight ways to promote generative learning. *Educational Psychology Review, 28*(4), 717-741. https://doi.org/10.1007/s10648-015-9348-9

Francis, H., & Stevenson, R. (2013). The longer-term impacts of Western diet on human cognition and the brain. *Appetite, 63*, 119-128. https://doi.org/10.1016/j.appet.2012.12.018

Gais, S., & Born, J. (2004). Declarative memory consolidation: Mechanisms acting during human sleep. *Learning & Memory, 11*(6), 679-685. https://doi.org/10.1101/lm.80504

Gardner, B., Lally, P., & Wardle, J. (2012). Making health habitual: The psychology of 'habit-formation' and general practice. *British Journal of General Practice, 62*(605), 664-666. https://doi.org/10.3399/bjgp12X659466

Gómez-Pinilla, F. (2008). Brain foods: the effects of nutrients on brain function. *Nature Reviews Neuroscience, 9*(7), 568-578. https://doi.org/10.1038/nrn2421

Gothe, N. P., & McAuley, E. (2015). Yoga and cognition: A meta-analysis of chronic and acute effects. *Psychosomatic Medicine, 77*(7), 784-797. https://doi.org/10.1097/PSY.0000000000000218

Hamer, M., & Chida, Y. (2009). Physical activity and risk of neurodegenerative disease: A systematic review of prospective evidence. *Psychological Medicine, 39*(1), 3-11. https://doi.org/10.1017/S0033291708003681

Hardy, J. L., Nelson, R. A., Thomason, M. E., Sternberg, D. A., Katovich, K., Farzin, F., & Scanlon, M. (2015). Enhancing cognitive abilities with comprehensive training: A large, online, randomized, active-controlled trial. *PLOS ONE, 10*(9), e0134467. https://doi.org/10.1371/journal.pone.0134467

Harrison, Y., & Horne, J. A. (2000). The impact of sleep deprivation on decision making: A review. *Journal of Experimental Psychology: Applied, 6*(3), 236-249. https://doi.org/10.1037/1076-898X.6.3.236

Herholz, S. C., & Zatorre, R. J. (2012). Musical training as a framework for brain plasticity: Behavior, function, and structure. *Neuron, 76*(3), 486-502. https://doi.org/10.1016/j.neuron.2012.10.011

Hertzog, C., Kramer, A. F., Wilson, R. S., & Lindenberger, U. (2009). Enrichment effects on adult cognitive development: Can the functional capacity of older adults be preserved and enhanced? *Psychological Science in the Public Interest*, 9(1), 1-65. https://doi.org/10.1111/j.1539-6053.2009.01034.x

Hillman, C. H., Erickson, K. I., & Kramer, A. F. (2008). Be smart, exercise your heart: Exercise effects on brain and cognition. *Nature Reviews Neuroscience, 9*(1), 58-65. https://doi.org/10.1038/nrn2298

Hölzel, B. K., Carmody, J., Vangel, M., et al. (2011). Mindfulness practice leads to increases in regional brain gray matter density. *Psychiatry Research: Neuroimaging,* 191(1), 36-43. https://doi.org/10.1016/j.pscychresns.2010.08.006

Hülsheger, U. R., Alberts, H. J. E. M., Feinholdt, A., & Lang, J. W. B. (2013). Benefits of mindfulness at work: The role of mindfulness in emotion regulation, emotional exhaustion, and job satisfaction. *Journal of Applied Psychology,* 98(2), 310-325. https://doi.org/10.1037/a0031313

Jha, A. P., Krompinger, J., & Baime, M. J. (2007). Mindfulness training modifies subsystems of attention. *Cognitive, Affective, & Behavioral Neuroscience, 7*(2), 109–119. https://doi.org/10.3758/CABN.7.2.109

Joseph, J. A., Shukitt-Hale, B., Denisova, N. A., et al. (1999). Reversals of age-related declines in neuronal signal transduction, cognitive, and motor behavioral deficits with blueberry, spinach, or strawberry dietary supplementation. *The Journal of Neuroscience, 19*(18), 8114-8121. https://doi.org/10.1523/JNEUROSCI.19-18-08114.1999

Kang, S. H. K. (2016). Spaced repetition promotes efficient and effective learning: Policy implications for instruction. *Policy Insights from the Behavioral and Brain Sciences, 3*(1), 12-19. https://doi.org/10.1177/2372732215624708

Kanoski, S. E., & Davidson, T. L. (2011). Western diet consumption and cognitive impairment: Links to hippocampal dysfunction and obesity. *Physiology & Behavior, 103*(1), 59-68. https://doi.org/10.1016/j.physbeh.2010.12.003

Karpicke, J. D., & Roediger, H. L. (2008). The critical importance of retrieval for learning. *Science, 319*(5865), 966-968. https://doi.org/10.1126/science.1152408

Kolb, B., & Gibb, R. (2011). Brain plasticity and behaviour in the developing brain. *Journal of the Canadian Academy of Child and Adolescent Psychiatry, 20*(4), 265-276. https://www.ncbi.nlm.nih.gov/pmc/articles/PMC3222570/

Krause, A. J., Simon, E. B., Mander, B. A., et al. (2017). The sleep-deprived human brain. *Nature Reviews Neuroscience, 18*(7), 404-418. https://doi.org/10.1038/nrn.2017.55

Lally, P., van Jaarsveld, C. H. M., Potts, H. W. W., & Wardle, J. (2010). How are habits formed: Modelling habit formation in the real world. *European Journal of Social Psychology,* *40*(6), 998-1009. https://doi.org/10.1002/ejsp.674

Larson, E. B., Wang, L., Bowen, J. D., et al. (2006). Exercise is associated with reduced risk for incident dementia among persons 65 years of age and older. *Annals of Internal Medicine,* *144*(2), 73-81. https://doi.org/10.7326/0003-4819-144-2-200601170-00004

Lautenschlager, N. T., Cox, K. L., Flicker, L., et al. (2008). Effect of physical activity on cognitive function in older adults at risk for Alzheimer disease: A randomized trial. *Journal of the American Medical Association, 300*(9), 1027-1037. https://doi.org/10.1001/jama.300.9.1027

Lazar, S. W., Kerr, C. E., Wasserman, R. H., et al. (2005). Meditation experience is associated with increased cortical thickness. *NeuroReport,* 16(17), 1893-1897. https://doi.org/10.1097/01.wnr.0000186598.66243.19

Legge, E., Madan, C. R., Ng, E. T., & Caplan, J. B. (2012). Building a memory palace in minutes: Equivalent memory performance using virtual versus conventional environments with the Method of Loci. *Acta Psychologica,* *141*(3), 380-390. https://doi.org/10.1016/j.actpsy.2012.09.002

Lim, A. S., Kowgier, M., Yu, L., Buchman, A. S., & Bennett, D. A. (2013). Sleep fragmentation and the risk of incident Alzheimer's disease and cognitive decline in older persons. *Sleep,* *36*(7), 1027-1032. https://doi.org/10.5665/sleep.2802

Liu-Ambrose, T., & Donaldson, M. G. (2009). Exercise and cognition in older adults: Is there a role for resistance training programmes? *British Journal of Sports Medicine*, 43(1), 25-27. https://doi.org/10.1136/bjsm.2008.055616

Logie, R. H., & Pearson, D. G. (1997). The inner eye and the inner scribe of visuospatial working memory: Evidence from developmental fractionation. *European Journal of Cognitive Psychology, 9*(3), 241-257. https://doi.org/10.1080/713752559

Luders, E., Toga, A. W., Lepore, N., & Gaser, C. (2009). The underlying anatomical correlates of long-term meditation: Larger hippocampal and frontal volumes of gray matter. *NeuroImage, 45*(3), 672-678. https://doi.org/10.1016/j.neuroimage.2008.12.061

Lupien, S. J., De Leon, M., De Santi, S., et al. (1998). Cortisol levels during human aging predict hippocampal atrophy and memory deficits. *Nature Neuroscience, 1*(1), 69-73. https://doi.org/10.1038/271

Lustig, C., Shah, P., Seidler, R., & Reuter-Lorenz, P. A. (2009). Aging, training, and the brain: A review and future directions. *Neuropsychology Review, 19*(4), 504-522. https://doi.org/10.1007/s11065-009-9119-9

Maguire, E. A., Valentine, E. R., Wilding, J. M., & Kapur, N. (2003). Routes to remembering: The brains behind superior memory. *Nature Neuroscience, 6*, 90-95. https://doi.org/10.1038/nn988

Maltz, M. (1960). *Psycho-cybernetics: A new way to get more living out of life.* Prentice-Hall.

Mangen, A., & Velay, J.-L. (2015). Digitizing literacy: Reflections on the haptics of writing. *Advances in Haptics*, 385-401. https://doi.org/10.5772/8710

Miller, G. A. (1956). The magical number seven, plus or minus two: Some limits on our capacity for processing information. *Psychological Review, 63,* 81-97. https://psychclassics.yorku.ca/Miller/

Molteni, R., Barnard, R. J., Ying, Z., Roberts, C. K., & Gómez-Pinilla, F. (2002). A high-fat, refined sugar diet reduces hippocampal brain-derived neurotrophic factor, neuronal plasticity, and learning. *Neuroscience, 112*(4), 803-814. https://doi.org/10.1016/S0306-4522(02)00123-9

Packard, M. G., & Knowlton, B. J. (2002). Learning and memory functions of the basal ganglia. *Annual Review of Neuroscience, 25,* 563-593. https://doi.org/10.1146/annurev.neuro.25.112701.142937

Pagnoni, G., & Cekic, M. (2007). Age effects on gray matter volume and attentional performance in Zen meditation. *Neurobiology of Aging, 28*(10), 1623-1627. https://doi.org/10.1016/j.neurobiolaging.2007.06.008

Park, D. C., & Reuter-Lorenz, P. (2009). The adaptive brain: Aging and neurocognitive scaffolding. *Annual Review of Psychology, 60,* 173-196. https://doi.org/10.1146/annurev.psych.59.103006.093656

Pascual-Leone, A., Amedi, A., Fregni, F., & Merabet, L. B. (2005). The plastic human brain cortex. *Annual Review of Neuroscience, 28,* 377-401.

https://doi.org/10.1146/annurev.neuro.27.070203.144216

Pereira, A. C., Huddleston, D. E., Brickman, A. M., et al. (2007). An in vivo correlate of exercise-induced neurogenesis in the adult dentate gyrus. *Proceedings of the National Academy of Sciences, 104*(13), 5638-5643. https://doi.org/10.1073/pnas.0611721104

Rasch, B., & Born, J. (2013). About sleep's role in memory. *Physiological Reviews, 93*(2), 681-766. https://doi.org/10.1152/physrev.00032.2012

Rovio, S., Kareholt, I., Helkala, E. L., et al. (2005). Leisure-time physical activity at midlife and the risk of dementia and Alzheimer's disease. *The Lancet Neurology, 4*(11), 705-711. https://doi.org/10.1016/S1474-4422(05)70198-8

Scarmeas, N., Stern, Y., Tang, M. X., Mayeux, R., & Luchsinger, J. A. (2006). Mediterranean diet and risk for Alzheimer's disease. *Annals of Neurology, 59*(6), 912-921. https://doi.org/10.1002/ana.20854

Scoville, W. B., & Milner, B. (1957). Loss of recent memory after bilateral hippocampal lesions. *Journal of Neurology, Neurosurgery, and Psychiatry, 20*(1), 11-21. https://doi.org/10.1136/jnnp.20.1.11

Smith, A. D., Smith, S. M., de Jager, C. A., et al. (2010). Homocysteine-lowering by B vitamins slows the rate of accelerated brain atrophy in mild cognitive impairment: A randomized controlled trial. *PLoS One*, 5(9), e12244. https://doi.org/10.1371/journal.pone.0012244

Smith, A. D., & Refsum, H. (2016). Homocysteine, B vitamins, and cognitive impairment. *Annual Review of Nutrition, 36*, 211-239. https://doi.org/10.1146/annurev-nutr-071715-050947

Smith, E. E., & Jonides, J. (1999). Storage and executive processes in the frontal lobes. *Science*, 283(5408), 1657-1661. https://doi.org/10.1126/science.283.5408.1657

Spira, A. P., Gamaldo, A. A., An, Y., et al. (2013). Self-reported sleep and β-amyloid deposition in community-dwelling older adults. *JAMA Neurology*, 70(12), 1537-1543. https://doi.org/10.1001/jamaneurol.2013.4258

Squire, L. R., & Zola-Morgan, S. (1991). The medial temporal lobe memory system. *Science, 253*(5026), 1380-1386. https://doi.org/10.1126/science.1896849

Stickgold, R. (2005). Sleep-dependent memory consolidation. *Nature, 437*(7063), 1272-1278. https://doi.org/10.1038/nature04286

Tononi, G., & Cirelli, C. (2006). Sleep function and synaptic homeostasis. *Sleep Medicine Reviews, 10*(1), 49-62. https://doi.org/10.1016/j.smrv.2005.05.002

Voelcker-Rehage, C., Godde, B., & Staudinger, U. M. (2011). Cardiovascular and coordination training differentially improve cognitive performance and neural processing in older adults. *Frontiers in Human Neuroscience, 5*, 26. https://doi.org/10.3389/fnhum.2011.00026

Walker, M. P., & Stickgold, R. (2004). Sleep-dependent learning and memory consolidation. *Neuron, 44*(1), 121-133. https://doi.org/10.1016/j.neuron.2004.08.031

Walker, M. P., & Stickgold, R. (2006). Sleep, memory, and plasticity. *Annual Review of Psychology, 57*, 139-166. https://doi.org/10.1146/annurev.psych.56.091103.070307

Willis, S. L., Tennstedt, S. L., Marsiske, M., et al. (2006). Long-term effects of cognitive training on everyday functional outcomes in older adults. *JAMA, 296*(23), 2805-2814. https://doi.org/10.1001/jama.296.23.2805

Wilson, R. S., Mendes De Leon, C. F., Barnes, L. L., et al. (2002). Participation in cognitively stimulating activities and risk of incident Alzheimer disease. *JAMA, 287*(6), 742-748. https://doi.org/10.1001/jama.287.6.742

Xie, L., Kang, H., Xu, Q., et al. (2013). Sleep drives metabolite clearance from the adult brain. *Science, 342*(6156), 373-377. https://doi.org/10.1126/science.1241224

Yoo, S. S., Hu, P. T., Gujar, N., Jolesz, F. A., & Walker, M. P. (2007). A deficit in the ability to form new human memories without sleep. *Nature Neuroscience, 10*(3), 385-392. https://doi.org/10.1038/nn1851

Zeidan, F., Johnson, S. K., Diamond, B. J., David, Z., & Goolkasian, P. (2010). Mindfulness meditation improves cognition: Evidence of brief mental training. *Consciousness and Cognition, 19*(2), 597-605. https://doi.org/10.1016/j.concog.2010.03.014